DEVARIM
LE LIVRE DU DEUTÉRONOME

Traduction par
ZADOC KAHN

דברים

TABLE DES MATIÈRES

Chapitre 1	1
Chapitre 2	6
Chapitre 3	10
Chapitre 4	14
Chapitre 5	20
Chapitre 6	24
Chapitre 7	27
Chapitre 8	30
Chapitre 9	33
Chapitre 10	37
Chapitre 11	40
Chapitre 12	44
Chapitre 13	48
Chapitre 14	51
Chapitre 15	54
Chapitre 16	57
Chapitre 17	60
Chapitre 18	63
Chapitre 19	66
Chapitre 20	69
Chapitre 21	72
Chapitre 22	75
Chapitre 23	79
Chapitre 24	82
Chapitre 25	85
Chapitre 26	88
Chapitre 27	91
Chapitre 28	94
Chapitre 29	101
Chapitre 30	105
Chapitre 31	108

Chapitre 32 — 112
Chapitre 33 — 118
Chapitre 34 — 122

CHAPITRE UN

Ce sont là les paroles que Moïse adressa à tout Israël en deçà du Jourdain, dans le désert, dans la plaine en face de Souf, entre Pharan et Tofel, Labân, Hacéroth et Di-Zahab.

2 Il y a onze journées depuis le Horeb, en passant par le mont Séir, jusqu'à Kadéch-Barnéa.

3 Or, ce fut dans la quarantième année, le onzième mois, le premier jour du mois, que Moïse redit aux enfants d'Israël tout ce que l'Éternel lui avait ordonné à leur égard.

4 Après avoir défait Sihon, roi des Amorréens, qui résidait à Hesbon, et Og, roi du Basan, qui résidait à Astaroth et à Edréi ;

5 en deçà du Jourdain, dans le pays de Moab, Moïse se mit en devoir d'exposer cette doctrine, et il dit :

6 "L'Éternel notre Dieu nous avait parlé au Horeb en ces termes : "Assez longtemps vous avez demeuré dans cette montagne.

7 Partez, poursuivez votre marche, dirigez-vous vers les

monts amorréens et les contrées voisines, vers la plaine, la montagne, la vallée, la région méridionale, les côtes de la mer, le pays des Cananéens et le Liban, jusqu'au grand fleuve, le fleuve d'Euphrate.

8 Voyez, je vous livre ce pays ! Allez prendre possession du pays que l'Éternel a juré à vos pères, Abraham, Isaac et Jacob, de donner à eux et à leur postérité après eux."

9 Dans ce temps-là, je vous parlai ainsi : "Je ne puis assumer, moi seul, votre charge.

10 L'Éternel, votre Dieu, vous a fait multiplier, et vous voilà, aujourd'hui, nombreux comme les étoiles du ciel.

11 Veuille l'Éternel, Dieu de vos pères, vous rendre mille fois plus nombreux encore et vous bénir comme il vous l'a promis !

12 Comment donc supporterais-je seul votre labeur, et votre fardeau, et vos contestations !

13 Choisissez parmi vous, dans vos tribus, des hommes sages, judicieux et éprouvés ; je les établirai vos chefs."

14 Vous me répondîtes en disant : "Ce que tu conseilles de faire est excellent."

15 Et je désignai les principaux de vos tribus, hommes sages et éprouvés, et je vous les donnai pour chefs, soit commandants de chiliades, de centuries, de cinquantaines et de dizaines, soit commissaires de vos tribus.

16 Je donnai alors à vos juges les instructions suivantes : "Ecoutez également tous vos frères et prononcez équitablement, entre chacun et son frère, entre chacun et l'étranger.

17 Ne faites point, en justice, acception de personnes ; donnez audience au petit comme au grand, ne craignez qui que ce soit, car la justice est à Dieu ! Que si une affaire est trop difficile pour vous, déférez-la moi et j'en prendrai connaissance."

18 Et je vous prescrivis, dans ce même temps, tout ce que vous aviez à observer.

19 Nous partîmes du Horeb, nous traversâmes tout ce long et redoutable désert que vous savez, nous dirigeant vers les monts amorréens, comme l'Éternel notre Dieu nous l'avait prescrit, et nous atteignîmes Kadêch-Barnéa.

20 Et je vous dis : "Vous voici arrivés au pied des monts amorréens, que l'Éternel, notre Dieu, nous donne.

21 Regarde ! L'Éternel, ton Dieu, t'a livré ce pays ; va, prends-en possession, comme te l'a dit l'Éternel, Dieu de tes pères ; sois sans peur et sans faiblesse !"

22 Mais vous vîntes vers moi, tous, en disant : "Nous voudrions envoyer quelques hommes en avant, qui exploreraient pour nous ce pays et qui nous renseigneraient sur le chemin que nous devons suivre et sur les villes où nous devons aller."

23 La proposition me plut, et je choisis parmi vous douze hommes, un homme par tribu.

24 Ils partirent, s'avancèrent sur la montagne, atteignirent la vallée d'Echkol, et explorèrent cette contrée.

25 Puis ils prirent de ses fruits, qu'ils nous apportèrent, et nous rendirent compte en disant : "Il est bon, le pays que l'Éternel, notre Dieu, nous donne."

26 Mais vous refusâtes d'y monter, désobéissant ainsi à la voix de l'Éternel, votre Dieu ;

27 et vous murmurâtes dans vos tentes et vous dîtes : "C'est par haine pour nous que l'Éternel nous a fait sortir de l'Égypte ! C'est pour nous livrer au pouvoir de l'Amorréen, pour nous anéantir !

28 Où veut-on que nous allions ? Nos frères ont abattu notre courage, en disant : Il y a là une race plus grande et plus forte

que la nôtre, des villes considérables et fortifiées jusqu'au ciel, et nous y avons même vu des enfants d'Anak."

29 Et je vous répondis : "Vous n'avez pas à trembler ni à les craindre.

30 L'Éternel, votre Dieu, qui marche à votre tête, lui-même combattra pour vous, tout comme il l'a fait contre l'Égypte, sous vos yeux,

31 et aussi dans ce désert, où tu as vu l'Éternel, ton Dieu, te porter comme un père porte son fils, durant tout le trajet que vous avez fait, jusqu'à votre arrivée en ce lieu-ci.

32 Et dans cette circonstance vous ne vous confieriez pas en l'Éternel, votre Dieu !

33 Lui qui précède votre marche, choisissant les lieux propices à vos stations, la nuit par le feu, pour vous montrer la route à suivre, et le jour par la nuée !"

34 L'Éternel entendit vos paroles, et il s'irrita, et il proféra ce serment :

35 "Si jamais un seul de ces hommes, de cette génération mauvaise, voit l'heureux pays que j'ai juré de donner à vos pères !...

36 Seul, Caleb, fils de Yefounné, le verra ; ce sol qu'il a foulé, je le donnerai à lui et à ses enfants, parce qu'il est resté fidèle au Seigneur."

37 Contre moi aussi l'Éternel s'irrita à cause de vous, au point de dire : "Tu n'y entreras pas, toi non plus !"

38 Josué, fils de Noun, qui est à ton service, c'est lui qui doit y entrer : affermis son courage, car c'est lui qui en donnera possession à Israël.

39 Et vos familles, dont vous avez dit : "Elles nous seront ravies", et vos enfants, qui ne discernent pas encore le bien du

mal, ceux-là entreront dans ce pays ; je le leur donnerai à eux et ils le posséderont.

40 Pour vous, changez de direction et acheminez-vous vers le désert, du côté de la mer des Joncs."

41 Alors vous vous écriâtes, en me disant : "Nous avons péché contre le Seigneur ; nous voulons monter et combattre, comme nous l'a ordonné le Seigneur, notre Dieu." Et chacun de vous ceignit ses armes et vous vous disposâtes à gravir la montagne.

42 Mais l'Éternel me parla ainsi : "Dis-leur : Ne montez pas, ne livrez point de combat, car je ne serai point avec vous ; ne vous exposez pas aux coups de vos ennemis."

43 Je vous le redis, mais vous n'en tîntes pas compte ; vous désobéîtes à la parole du Seigneur et vous eûtes la témérité de vous avancer sur la montagne.

44 L'Amorréen, qui occupe cette montagne, marcha à votre rencontre ; et ils vous poursuivirent comme font les abeilles, et ils vous taillèrent en pièces dans Séir, jusqu'à Horma.

45 De retour, vous pleurâtes devant le Seigneur ; mais le Seigneur fut insensible à vos cris, il ne vous écouta point.

46 Vous demeurâtes de longs jours à Kadêch... Vous savez combien de jours vous y avez demeuré.

CHAPITRE DEUX

Nous partîmes alors en rétrogradant vers le désert, du côté de la mer des Joncs, comme l'Éternel me l'avait ordonné, et nous fîmes un long circuit autour du mont Séir.

2 Puis l'Éternel me parla en ces termes :

3 "Assez longtemps vous avez tourné autour de cette montagne ; acheminez-vous vers le nord.

4 Et toi, ordonne au peuple ce qui suit : Vous touchez aux confins de vos frères, les enfants d'Esaü, qui habitent en Séir. Ils vous craignent, mais tenez-vous bien sur vos gardes,

5 ne les attaquez point ! Car je ne vous accorde pas, de leur pays, même la largeur d'une semelle, attendu que j'ai donné la montagne de Séir comme héritage à Esaü.

6 Les aliments que vous mangerez, achetez-les-leur à prix d'argent : l'eau même que vous boirez, payez-la leur à prix d'argent.

7 Car l'Éternel, ton Dieu, t'a béni dans toutes les œuvres de

tes mains ; il a veillé sur ta marche à travers ce long désert. Voici quarante ans que l'Éternel, ton Dieu, est avec toi : tu n'as manqué de rien."

8 Nous nous détournâmes ainsi de nos frères, les enfants d'Esaü, qui habitent le Séir, du chemin de la plaine, d'Elath et d'Asiongaber. Changeant de direction, nous traversâmes le désert de Moab.

9 Et l'Éternel me dit : "Ne moleste pas Moab et n'engage pas de combat avec lui : je ne te laisserai rien conquérir de son territoire, car c'est aux enfants de Loth que j'ai donné Ar en héritage.

10 (Les Emîm y demeuraient primitivement, nation grande, nombreuse et de haute stature, comme les Anakéens,

11 eux aussi, ils sont réputés Rephaïtes comme les Anakéens, et les Moabites les nomment Emîm.

12 De même, dans le Séir habitaient autrefois les Horéens ; mais les enfants d'Esaü les dépossédèrent, les exterminèrent et s'établirent à leur place, comme l'a fait Israël pour le pays de sa possession, que l'Éternel lui a donné).

13 Donc, mettez-vous en devoir de passer le torrent de Zéred." Et nous passâmes le torrent de Zéred.

14 La durée de notre voyage, depuis Kadêch-Barnéa jusqu'au passage du torrent de Zéred, avait été de trente-huit ans. A cette époque, toute la génération guerrière avait disparu du milieu du camp, comme l'Éternel le leur avait juré.

15 La main du Seigneur les avait aussi frappés, pour les anéantir du milieu du camp, jusqu'à leur entière extinction.

16 Or, lorsque tous ces gens de guerre eurent disparu, par la mort, du milieu du peuple,

17 l'Éternel me parla ainsi :

18 "Tu vas dépasser maintenant la frontière de Moab, Ar ;

19 tu vas arriver en face des enfants d'Ammon. Ne les attaque pas, ne les provoque point : je ne te permets aucune conquête sur le sol des enfants d'Ammon, car c'est aux descendants de Loth que je l'ai donné en héritage.

20 (Celui-là aussi est considéré comme pays de Rephaïtes : des Rephaïtes l'occupaient d'abord, les Ammonites les appellent Zamzoummîm,

21 peuple grand, nombreux et de haute taille, comme les Anakéens ; mais le Seigneur les extermina au profit des Ammonites, qui les vainquirent et les remplacèrent.

22 Ainsi a-t-il fait pour les enfants d'Esaü, qui habitent en Séir ; car il a exterminé devant eux le Horéen, qu'ils ont dépossédé, et qu'ils remplacent encore aujourd'hui.

23 De même, les Avvéens, qui habitaient des bourgades jusqu'à Gaza, des Kaftorîm sortis de Kaftor les ont détruits et se sont établis à leur place).

24 Allez, mettez-vous en marche, et passez le torrent de l'Arnon. Vois, je livre en ton pouvoir Sihôn, roi de Hesbon, l'Amorréen, avec son pays ; commence par lui la conquête ! Engage la lutte avec lui !

25 D'aujourd'hui, je veux imprimer ta crainte et ta terreur à tous les peuples sous le ciel, tellement qu'au bruit de ton nom, l'on frémira et l'on tremblera devant toi."

26 Et j'envoyai, du désert de Kedêmoth, une députation à Sihôn, roi de Hesbon, avec ces paroles pacifiques :

27 "Je voudrais passer par ton pays. Je suivrai constamment la grande route, je n'en dévierai ni à droite ni à gauche.

28 Les vivres que je consommerai, vends-les moi à prix d'argent ; donne-moi à prix d'argent l'eau que je veux boire. Je voudrais simplement passer à pied.

29 Ainsi en ont usé avec moi les enfants d'Esaü, habitants de Séir, et les Moabites habitants d'Ar, pour que je puisse atteindre, par le Jourdain, le pays que l'Éternel, notre Dieu, nous destine."

30 Mais Sihôn, roi de Hesbon, ne voulut pas nous livrer passage ; car l'Éternel, ton Dieu, avait raidi son esprit et endurci son cœur, pour le faire tomber en ton pouvoir, comme aujourd'hui.

31 L'Éternel me dit : "Vois, je t'ai d'avance livré Sihôn et son pays ; commence la conquête en t'emparant de son pays."

32 Sihôn s'avança à notre rencontre avec tout son peuple, pour le combat, à Yahça.

33 L'Éternel, notre Dieu, le livra à notre merci et nous le battîmes, lui, ses fils et tout son peuple.

34 Nous prîmes alors toutes ses villes, et nous frappâmes d'anathème toute ville où étaient des êtres humains, même les femmes et les enfants ; nous ne laissâmes pas un survivant.

35 Nous ne prîmes pour nous que le bétail, ainsi que le butin des villes que nous avions conquises.

36 Depuis Aroer, qui est au bord du torrent d'Arnon, et la ville située dans cette vallée, jusqu'au Galaad pas une place n'a pu tenir devant, nous : l'Éternel, notre Dieu, nous a tout livré.

37 Mais tu as laissé intact le territoire des Ammonites : tout le bassin du torrent de Jacob, les villes de la Montagne, enfin tout ce que l'Éternel, notre Dieu, nous avait enjoint de respecter.

CHAPITRE TROIS

"Nous nous dirigeâmes alors, en montant plus haut, du côté du Basan. Og, roi du Basan, s'avança à notre rencontre avec tout son peuple, pour livrer bataille, vers Edréi.

2 Et l'Éternel me dit : "Ne le crains point, car je le livre en ton pouvoir, lui et tout son peuple, et son pays ; et tu le traiteras comme tu as traité Sihôn, roi des Amorréens, qui résidait à Hesbon."

3 Et l'Éternel, notre Dieu, nous livra pareillement Og, roi du Basan, avec tout son peuple ; et nous le défîmes au point de n'en pas laisser survivre un seul.

4 Nous prîmes alors toutes ses villes ; il n'y a pas une place que nous ne leur ayons prise : soixante villes formant tout le district d'Argob, le royaume d'Og en Basan.

5 C'étaient toutes villes fortifiées de hauts remparts, avec portes et verrous, sans compter les villes ouvertes, très nombreuses.

6 Nous les frappâmes d'anathème, comme nous l'avions fait pour Sihôn, roi de Hesbon, condamnant toute ville où étaient des êtres humains, y compris femmes et enfants.

7 Mais tout le bétail et le butin de ces villes, nous les prîmes pour nous.

8 Nous conquîmes donc à cette époque le pays des deux rois amorréens qui régnaient en deçà du Jourdain, depuis le torrent de l'Arnon jusqu'à la montagne de Hermon.

9 (Les Sidoniens nomment le Hermon Sinon, et les Amorréens l'appellent Senir) ;

10 toutes les villes du plat pays, tout le Galaad, tout le Basan jusqu'à Salca et Edréi, villes du royaume d'Og, en Basan.

11 De fait, Og seul, roi du Basan, était resté des derniers Rephaïtes ; son lit, un lit de fer, se voit encore dans la capitale des Ammonites : il a neuf coudées de long et quatre de large, en coudées communes.

12 Ce pays-là, nous en prîmes possession dans ce même temps. Depuis Aroer sur le torrent d'Arnon, plus la moitié du mont Galaad avec ses villes, je le donnai aux tribus de Ruben et de Gad ;

13 et le reste du Galaad et tout le Basan, où régnait Og, je le donnai à la demi-tribu de Manassé, tout le district de l'Argob, enfin tout le Basan, lequel doit se qualifier terre de Rephaïtes.

14 Yaïr, descendant de Manassé, s'empara de tout le district d'Argob, jusqu'aux confins de Ghechour et de Maaca, et lui donna son nom, appelant le Basan Bourgs de Yaïr, comme on l'appelle encore aujourd'hui.

15 A Makhir je donnai le Galaad.

16 Et aux enfants de Ruben et de Gad, je donnai depuis le Galaad jusqu'au torrent d'Arnon, le milieu du torrent servant de

limite ; puis, jusqu'au torrent de Jaboc, limite du côté des enfants d'Ammon ;

17 et la plaine avec le Jourdain pour limite, depuis Kinnéreth jusqu'à la mer de la plaine ou mer Salée, sous le versant oriental du Pisga.

18 Je vous donnai, en ce temps-là, l'ordre suivant : "L'Éternel, votre Dieu, vous accorde ce pays en toute possession. Mais vous marcherez en armes à la tête de vos frères, les enfants d'Israël, vous tous, hommes vaillants.

19 Vos femmes seulement, vos familles et votre bétail (je sais que vous avez un nombreux bétail) demeureront dans les villes que je vous ai données.

20 Quand l'Éternel aura assuré le sort de vos frères comme le vôtre, quand ils seront, eux aussi, en possession du pays que l'Éternel, votre Dieu, leur destine de l'autre côté du Jourdain, alors vous retournerez chacun à l'héritage que je vous ai donné."

21 J'exhortai Josué en ce temps-là, disant : "C'est de tes yeux que tu as vu tout ce que l'Éternel, votre Dieu, a fait à ces deux rois : ainsi fera l'Éternel à tous les royaumes où tu vas pénétrer.

22 Ne les craignez point, car c'est l'Éternel votre Dieu, qui combattra pour vous."

23 J'implorai l'Éternel à cette époque, en disant :

24 "Seigneur Éternel déjà tu as rendu ton serviteur témoin de ta grandeur et de la force de ton bras ; et quelle est la puissance, dans le ciel ou sur la terre, qui pourrait imiter tes œuvres et tes merveilles ?

25 Ah ! Laisse-moi traverser, que je voie cet heureux pays qui est au delà du Jourdain, cette belle montagne, et le Liban !"

26 Mais l'Éternel, irrité contre moi à cause de vous, ne

m'exauça point ; et l'Éternel me dit : "Assez ! Ne me parle pas davantage à ce sujet.

27 Monte au sommet du Pisga, porte ta vue au couchant et au nord, au midi et à l'orient, et regarde de tes yeux ; car tu ne passeras point ce Jourdain.

28 Donne des instructions à Josué, exhorte-le au courage et à la résolution ; car c'est lui qui marchera à la tête de ce peuple, lui qui les mettra en possession du pays que tu vas contempler."

29 Nous demeurâmes ainsi dans la vallée, en face de Beth-Peor.

CHAPITRE QUATRE

"Maintenant donc, ô Israël ! Ecoute les lois et les règles que je t'enseigne pour les pratiquer, afin que vous viviez et que vous arriviez à posséder le pays que l'Éternel, Dieu de vos pères, vous donne.

2 N'ajoutez rien à ce que je vous prescris et n'en retranchez rien, de manière à observer les commandements de l'Éternel, votre Dieu, tels que je vous les prescris.

3 Ce sont vos propres yeux qui ont vu ce que l'Éternel a fait à l'occasion de Baal-Peor : quiconque s'était abandonné à Baal-Peor, l'Éternel, ton Dieu, l'a exterminé du milieu de toi.

4 Et vous qui êtes restés fidèles à l'Éternel, votre Dieu, vous êtes tous vivants aujourd'hui !

5 Voyez, je vous ai enseigné des lois et des statuts, selon ce que m'a ordonné l'Éternel, mon Dieu, afin que vous vous y conformiez dans le pays où vous allez entrer pour le posséder.

6 Observez-les et pratiquez-les ! Ce sera là votre sagesse et votre intelligence aux yeux des peuples, car lorsqu'ils auront

connaissance de toutes ces lois, ils diront : "Elle ne peut être que sage et intelligente, cette grande nation !"

7 En effet, où est le peuple assez grand pour avoir des divinités accessibles, comme l'Éternel, notre Dieu, l'est pour nous toutes les fois que nous l'invoquons ?

8 Et où est le peuple assez grand pour posséder des lois et des statuts aussi bien ordonnés que toute cette doctrine que je vous présente aujourd'hui ?

9 Mais aussi garde-toi, et évite avec soin, pour ton salut, d'oublier les événements dont tes yeux furent témoins, de les laisser échapper de ta pensée, à aucun moment de ton existence ! Fais-les connaître à tes enfants et aux enfants de tes enfants !

10 N'oublie pas ce jour où tu parus en présence de l'Éternel, ton Dieu, au Horeb, lorsque l'Éternel m'eut dit : "Convoque ce peuple de ma part, je veux leur faire entendre mes paroles, afin qu'ils apprennent à me révérer tant qu'ils vivront sur la terre, et qu'ils l'enseignent à leurs enfants."

11 Vous vous approchâtes alors, et vous fîtes halte au pied de la montagne ; et la montagne était embrasée de feux qui s'élevaient jusqu'au ciel, et voilée de nuages et de brume.

12 Et l'Éternel vous parla du milieu de ces feux ; vous entendiez le son des paroles, mais vous ne perceviez aucune image, rien qu'une voix.

13 Et il vous promulgua son alliance, qu'il vous enjoignait d'observer, à savoir les dix paroles. Puis il les écrivit sur deux tables de pierre.

14 Quant à moi, l'Éternel m'ordonna en ce temps-là de vous exposer des lois et des statuts, que vous aurez à observer dans le pays où vous allez pour en prendre possession.

15 Prenez donc bien garde à vous-mêmes ! Car vous n'avez

vu aucune figure, le jour où le Seigneur vous parla sur le Horeb du milieu du feu ;

16 craignez de vous pervertir en vous fabriquant des idoles, représentation ou symbole de quoi que ce soit : image d'un individu mâle ou femelle ;

17 image de quelque animal terrestre ; image d'un volatile quelconque, qui vole sous le ciel ;

18 image de ce qui rampe sur le sol, ou de tout poisson qui vit dans les eaux au-dessous de la terre.

19 Tu pourrais aussi porter tes regards vers le ciel et, en voyant le soleil, la lune, les étoiles, toute la milice céleste, tu pourrais te laisser induire à te prosterner devant eux et à les adorer : or, c'est l'Éternel, ton Dieu, qui les a donnés en partage à tous les peuples sous le ciel.

20 Mais vous, l'Éternel vous a adoptés, il vous a arrachés de ce creuset de fer, l'Égypte, pour que vous fussiez un peuple lui appartenant, comme vous l'êtes aujourd'hui.

21 L'Éternel s'est courroucé contre moi à cause de vous ; il a juré que je ne franchirai pas le Jourdain que je n'entrerai point dans ce bon pays que l'Éternel, ton Dieu, te donne en héritage.

22 Ainsi je mourrai dans ce pays-ci, je ne passerai point le Jourdain ; mais vous, vous irez, et vous prendrez possession de cette belle contrée.

23 Prenez garde d'oublier l'alliance que l'Éternel, votre Dieu, a contractée avec vous, de vous faire une idole, une image quelconque, que l'Éternel, ton Dieu, t'a défendue.

24 Car l'Éternel, ton Dieu, est un feu dévorant, une divinité jalouse !

25 Quand vous aurez engendré des enfants, puis des petits-enfants, et que vous aurez vieilli sur cette terre ; si vous dégé-

nérez alors, si vous fabriquez une idole, image d'un être quelconque, faisant ainsi ce qui déplaît à l'Éternel, ton Dieu, et l'offense,

26 j'en prends à témoin contre vous, aujourd'hui, les cieux et la terre, vous disparaîtrez promptement de ce pays pour la possession duquel vous allez passer le Jourdain ; vous n'y prolongerez pas vos jours, vous en serez proscrits au contraire !

27 L'Éternel vous dispersera parmi les peuples, et vous serez réduits à un misérable reste au milieu des nations où l'Éternel vous conduira.

28 Là, vous serez soumis à ces dieux, œuvre des mains de l'homme, dieux de bois et de pierre, qui ne voient ni n'entendent, qui ne mangent ni ne respirent.

29 C'est alors que tu auras recours à l'Éternel, ton Dieu, et tu le retrouveras, si tu le cherches de tout ton cœur et de toute ton âme.

30 Dans ta détresse, quand tu auras essuyé tous ces malheurs, après de longs jours tu reviendras à l'Éternel, ton Dieu, et tu écouteras sa voix.

31 Car, c'est un Dieu clément que l'Éternel, ton Dieu, il ne te délaissera pas, il ne consommera pas ta perte, et il n'oubliera point l'alliance de tes pères, l'alliance qu'il leur a jurée.

32 De fait, interroge donc les premiers âges, qui ont précédé le tien, depuis le jour où Dieu créa l'homme sur la terre, et d'un bout du ciel jusqu'à l'autre, demande si rien d'aussi grand est encore arrivé, ou si l'on a ouï chose pareille !

33 Quel peuple a entendu, comme tu l'as entendue, la voix de Dieu parlant du sein de la flamme, et a pu vivre ?

34 Et quelle divinité entreprit jamais d'aller se chercher un peuple au milieu d'un autre peuple, à force d'épreuves, de signes

et de miracles, en combattant d'une main puissante et d'un bras étendu, en imposant la terreur, toutes choses que l'Éternel, votre Dieu, a faites pour vous, en Égypte, à vos yeux ?

35 Toi, tu as été initié à cette connaissance : que l'Éternel seul est Dieu, qu'il n'en est point d'autre.

36 Du haut du ciel il t'a fait entendre sa voix pour te discipliner ; sur la terre il t'a fait voir son feu imposant, et du milieu de ce feu tu as entendu ses paroles.

37 Et parce qu'il a aimé tes ancêtres, il a adopté leur postérité après eux, et il t'a fait sortir sous ses yeux, par sa toute-puissance, de l'Égypte,

38 pour déposséder, à ton profit, des peuples plus grands et plus forts que toi ; pour te conduire dans leur pays et te le donner en héritage, comme tu le vois aujourd'hui.

39 Reconnais à présent, et imprime-le dans ton cœur, que l'Éternel seul est Dieu, dans le ciel en haut comme ici-bas sur la terre, qu'il n'en est point d'autres !

40 Et tu observeras ses lois et ses commandements, que je te prescris aujourd'hui, pour ton bonheur et pour celui de tes enfants après toi, et afin que ton existence se prolonge sur cette terre que l'Éternel, ton Dieu, te donne à perpétuité."

41 C'est alors que Moïse désigna trois villes en deçà du Jourdain, à l'orient,

42 pour servir de refuge au meurtrier qui ferait mourir son prochain sans préméditation et sans avoir été précédemment son ennemi, afin qu'en se réfugiant dans une de ces villes, il pût sauver sa vie.

43 C'étaient : Bécer, dans le désert, dans le plat pays appartenant à la tribut de Ruben ; Ramoth, en Galaad, à la tribu de Gad, et Golân, dans le Basan, à celle de Manassé.

44 Or, ceci est la doctrine que Moïse exposa aux enfants d'Israël.

45 Voici les avertissements, lois et règlements que Moïse donna aux enfants d'Israël après leur sortie d'Égypte,

46 au bord du Jourdain, dans la vallée qui fait face à Beth-Peor, dans le pays de Sihôn, roi des Amorréens, qui résidait à Hesbon, et qui fut vaincu par Moïse et les enfants d'Israël après leur sortie d'Égypte ;

47 de sorte qu'ils prirent possession de son pays et de celui d'Og, roi du Basan, des pays de ces deux rois des Amorréens, situés en deçà du Jourdain, à l'orient :

48 depuis Aroer, qui est au bord du torrent d'Arnon, jusqu'à la montagne de Ciôn, autrement le Hermon ;

49 et toute la Plaine du côté oriental du Jourdain jusqu'à la mer de la Plaine, sous le versant du Pisga.

CHAPITRE CINQ

Moïse fit appel à tout Israël, et leur dit : "Ecoute, Israël, les lois et les statuts que je vous fais entendre aujourd'hui ; étudiez-les et appliquez-vous à les suivre.

2 L'Éternel, notre Dieu, a contracté avec nous une alliance au Horeb.

3 Ce n'est pas avec nos pères que l'Éternel a contracté cette alliance, c'est avec nous-mêmes, nous qui sommes ici, aujourd'-hui, tous vivants.

4 C'est face à face que l'Éternel vous parla sur la montagne, du milieu de la flamme.

5 Moi, je me tenais, en ce temps-là, entre l'Éternel et vous, pour vous exposer la parole de l'Éternel, parce que, terrifiés par la flamme, vous n'approchâtes point de la montagne ; et il disait :

6 (I). "Je suis l'Éternel, ton Dieu, qui t'ai fait sortir du pays d'Égypte, d'une maison d'esclavage. (II). Tu n'auras point d'autre Dieu que moi.

7 Tu ne te feras point d'idole, l'image de quoi que ce soit dans le ciel en haut, ou en bas sur la terre, ou dans les eaux au-dessous de la terre.

8 Tu ne te prosterneras point devant elles, tu ne les adoreras point ; car moi seul, l'Éternel, je suis ton Dieu, Dieu jaloux, qui poursuis le crime des pères sur la troisième et la quatrième générations, pour ceux qui m'offensent,

9 et qui étends mes faveurs à la millième, pour ceux qui m'aiment et gardent mes commandements.

10 (III). Tu n'invoqueras point le nom de l'Éternel, ton Dieu, à l'appui du mensonge ; car l'Éternel ne laisse pas impuni celui qui invoque son nom pour le mensonge.

11 (IV). Observe le jour du Sabbat pour le sanctifier, comme te l'a prescrit l'Éternel, ton Dieu.

12 Durant six jours tu travailleras et t'occuperas de toutes tes affaires ;

13 mais le septième jour est la trêve de l'Éternel, ton Dieu : tu n'y feras aucun travail, toi, ton fils ni ta fille, ton esclave mâle ou femelle, ton bœuf, ton âne, ni tes autres bêtes, non plus que l'étranger qui est dans tes murs ; car ton serviteur et ta servante doivent se reposer comme toi.

14 Et tu te souviendras que tu fus esclave au pays d'Égypte, et que l'Éternel, ton Dieu, t'en a fait sortir d'une main puissante et d'un bras étendu ; c'est pourquoi l'Éternel, ton Dieu, t'a prescrit d'observer te jour du Sabbat.

15 (V). Honore ton père et ta mère, comme te l'a prescrit l'Éternel, ton Dieu, afin de prolonger tes jours et de vivre heureux sur la terre que l'Éternel, ton Dieu, te destine.

16 (VI). Ne commets point d'homicide. (VII). Ne commets point d'adultère. (VIII). Ne commets point de

larcin. (IX). Ne porte point contre ton prochain un faux témoignage.

17 (X). Ne convoite point la femme de ton prochain, et ne désire la maison de ton prochain ni son champ, son esclave ni sa servante, son bœuf ni son âne, ni rien de ce qui est à ton prochain."

18 Ces paroles, l'Éternel les adressa à toute votre assemblée sur la montagne, du milieu des feux, des nuées et de la brume, d'une voix puissante, sans y rien ajouter ; puis il les écrivit sur deux tables de pierre, qu'il me remit.

19 Or, quand vous eûtes entendu cette voix sortir du sein des ténèbres, tandis que la montagne était en feu, vous vîntes tous à moi, les chefs de vos tribus et vos anciens,

20 en disant : "Certes, l'Éternel, notre Dieu, nous a révélé sa gloire et sa grandeur, et nous avons entendu sa voix du milieu de la flamme ; nous avons vu aujourd'hui Dieu parler à l'homme et celui-ci vivre !

21 Mais désormais, pourquoi nous exposer à mourir, consumés par cette grande flamme ? Si nous entendons une fois de plus la voix de l'Éternel, notre Dieu, nous sommes morts.

22 Car est-il une seule créature qui ait entendu, comme nous, la voix du Dieu vivant parler du milieu du feu, et soit demeurée vivante ?

23 Va toi-même et écoute tout ce que dira l'Éternel, notre Dieu ; et c'est toi qui nous rapporteras tout ce que l'Éternel, notre Dieu, t'aura dit, et nous l'entendrons, et nous obéirons."

24 L'Éternel entendit les paroles que vous m'adressiez, et il me dit : "J'ai ouï la voix de ce peuple, les paroles qu'il t'adresse : tout ce qu'ils ont dit est bien dit.

25 Ah ! S'ils pouvaient conserver en tout temps cette disposi-

tion à me craindre et à garder tous mes commandements ! Alors ils seraient heureux, et leurs enfants aussi, à jamais !

26 Va, dis-leur de rentrer dans leurs tentes ;

27 toi ensuite, tu resteras ici avec moi, et je te dirai toute la loi, et les statuts et les règles que tu dois leur enseigner, afin qu'ils les observent dans le pays dont je leur destine la possession."

28 Ayez donc soin d'observer ce que l'Éternel, votre Dieu, vous a ordonné ; ne vous en écartez ni à droite ni à gauche.

29 Toute la voie que l'Éternel, votre Dieu, vous a tracée, suivez-la, et vous vivrez heureux, et vous aurez de longs jours dans le pays que vous posséderez.

CHAPITRE SIX

" Or, voici la loi, les statuts et les règles que l'Éternel, votre Dieu, m'a ordonné de vous enseigner, et que vous avez à suivre dans le pays dont vous allez prendre possession ;

2 afin que tu révères l'Éternel, ton Dieu, en observant tous ses statuts et ses préceptes que je te transmets, toi, et ton fils et ton petit-fils, tout le temps de votre vie, et afin que vos jours se prolongent.

3 Tu écouteras donc, Israël, et tu observeras avec soin, afin de prospérer et de multiplier sans mesure, ainsi que l'Éternel, Dieu de tes pères, te l'a promis, dans ce pays ruisselant de lait et de miel.

4 Ecoute, Israël : l'Éternel est notre Dieu, l'Éternel est un !

5 Tu aimeras l'Éternel, ton Dieu, de tout ton cœur, de toute ton âme et de tout ton pouvoir.

6 Ces devoirs que je t'impose aujourd'hui seront gravés dans ton cœur.

7 Tu les inculqueras à tes enfants et tu t'en entretiendras, soit dans ta maison, soit en voyage, en te couchant et en te levant.

8 Tu les attacheras, comme symbole, sur ton bras, et les porteras en fronteau entre tes yeux.

9 Tu les inscriras sur les poteaux de ta maison et sur tes portes.

10 Or, quand l'Éternel, ton Dieu, t'aura installé dans le pays qu'il a juré à tes pères, Abraham, Isaac et Jacob, de te donner, pays aux villes grandes et belles, que tu n'as point bâties ;

11 avec des maisons abondantes en biens, que tu n'y as pas répandus, des citernes toutes faites, que tu n'as pas creusées, des vignes et des oliviers, que tu n'as point plantés ; quand tu jouiras de ces biens et t'en rassasieras,

12 garde-toi d'oublier l'Éternel, qui t'a tiré du pays d'Égypte, d'une maison de servitude !

13 C'est l'Éternel, ton Dieu, que tu dois adorer, c'est lui que tu dois servir, c'est par son nom que tu dois jurer.

14 Ne suivez point des divinités étrangères, aucun des dieux de ces peuples qui vous entourent.

15 Car une divinité jalouse, l'Éternel, ton Dieu, est au milieu de toi : crains que son courroux ne s'allume contre toi et qu'il ne t'anéantisse de dessus la face de la terre.

16 Ne tentez point l'Éternel, votre Dieu, comme vous l'avez tenté à Massa.

17 Gardez, au contraire, les commandements de l'Éternel, votre Dieu, les statuts et les lois qu'il vous a imposés.

18 Fais ce qui est juste et agréable aux yeux du Seigneur, afin d'être heureux et d'arriver à posséder ce bon pays que le Seigneur a promis par serment à tes pères,

19 lorsqu'il repoussera tous tes ennemis de devant toi, comme l'a déclaré le Seigneur.

20 Quand ton fils t'interrogera un jour, disant : "Qu'est-ce que ces statuts, ces lois, ces règlements, que l'Éternel, notre Dieu, vous a imposés ?"

21 Tu répondras à ton fils : "Nous étions asservis à Pharaon, en Égypte, et l'Éternel nous en fit sortir d'une main puissante.

22 Il opéra des signes et des prodiges, grands et terribles, sur l'Égypte, sur Pharaon et toute sa maison, sous nos yeux.

23 Et nous, il nous fit sortir de là pour nous amener ici, pour nous gratifier du pays qu'il avait promis à nos pères ;

24 et il nous prescrivit d'exécuter toutes ces lois, de révérer l'Éternel, notre Dieu, pour que nous fussions heureux à jamais, pour qu'il conservât nos jours comme il l'a fait jusqu'ici.

25 Et ce sera œuvre méritoire pour nous de pratiquer soigneusement toute cette loi devant le Seigneur, notre Dieu, telle qu'il nous l'a prescrite."

CHAPITRE SEPT

Lorsque l'Éternel, ton Dieu, t'aura fait entrer dans le pays où tu te rends pour le conquérir ; quand il aura écarté de devant toi ces nombreuses peuplades, le Héthéen, le Ghirgachéen, l'Amorréen, le Cananéen, le Phérézéen, le Hévéen et le Jébuséen, sept peuplades plus nombreuses et plus puissantes que toi ;

2 quand l'Éternel, ton Dieu, te les aura livrés et que tu les auras vaincus, tu les frapperas d'anathème. Point de pacte avec eux, point de merci pour eux !

3 Ne t'allie avec aucun d'eux : ta fille, ne la donne pas à son fils, et sa fille, n'en fais pas l'épouse du tien !

4 Car il détacherait ton fils de moi, et ils adoreraient des divinités étrangères, et la colère du Seigneur s'allumerait contre vous, et il vous aurait bientôt anéantis.

5 Non, voici ce que vous devrez leur faire : vous renverserez leurs autels, vous briserez leurs monuments, vous abattrez leurs bosquets, vous livrerez leurs statues aux flammes.

6 Car tu es un peuple consacré à l'Éternel, ton Dieu : il t'a choisi, l'Éternel, ton Dieu, pour lui être un peuple spécial entre tous les peuples qui sont sur la face de la terre.

7 Si l'Éternel vous a préférés, vous a distingués, ce n'est pas que vous soyez plus nombreux que les autres peuples, car vous êtes le moindre de tous ;

8 c'est parce que l'Éternel vous aime, parce qu'il est fidèle au serment qu'il a fait à vos aïeux ; voilà pourquoi il vous a, d'un bras puissant, arrachés et sauvés de la maison de servitude, de la main de Pharaon, roi d'Égypte.

9 Reconnais donc que l'Éternel, ton Dieu, lui seul est Dieu, un Dieu véridique, fidèle au pacte de bienveillance pour ceux qui l'aiment et obéissent à ses lois, jusqu'à la millième génération ;

10 mais qui punit ses ennemis directement, en les faisant périr, et n'ajourne point, à l'égard de son contempteur, le paiement qui lui est dû.

11 Tu observeras donc la loi, et les décrets et les règles, que je t'ordonne en ce jour d'exécuter.

12 Pour prix de votre obéissance à ces lois et de votre fidélité à les accomplir, l'Éternel, votre Dieu, sera fidèle aussi au pacte de bienveillance qu'il a juré à vos pères.

13 Il t'aimera, te bénira, te multipliera, il bénira le fruit de tes entrailles et le fruit de ton sol, ton blé, ton vin et ton huile, les produits de ton gros et de ton menu bétail, dans le pays qu'il a juré à tes pères de te donner.

14 Tu seras béni entre tous les peuples ; parmi toi comme parmi tes bêtes, aucun sexe ne sera stérile.

15 L'Éternel écartera de toi tout fléau ; et toutes ces funestes plaies de l'Égypte, que tu connais bien, ce n'est pas à toi qu'il les infligera, mais à tes adversaires.

16 Tu anéantiras donc tous les peuples que te livre l'Éternel, ton Dieu, sans laisser ton œil s'attendrir sur eux, de peur que tu n'adores leurs divinités ; car ce serait un piège pour toi.

17 Peut-être diras-tu en ton cœur : "Ces nations-là sont plus considérables que moi ; comment pourrai-je les déposséder ?"

18 Ne les crains point ! Souviens-toi sans cesse de ce que l'Éternel, ton Dieu, a fait à Pharaon et à toute l'Égypte ;

19 des grandes épreuves que tes yeux ont vues ; de ces signes et de ces prodiges, de cette main puissante et de ce bras étendu, par lesquels t'a émancipé l'Éternel, ton Dieu. Ainsi fera-t-il de tous les peuples que tu pourrais craindre.

20 De plus, l'Éternel, ton Dieu, suscitera contre eux les frelons, pour achever les survivants qui se seraient dérobés à toi.

21 Ne tremble donc pas devant eux, car l'Éternel, ton Dieu, est au milieu de toi, un Dieu grand et redoutable !

22 L'Éternel, ton Dieu, écartera ces peuples de devant toi, mais peu à peu ; tu ne pourras pas les détruire rapidement, car les bêtes sauvages se multiplieraient autour de toi.

23 Mais l'Éternel, ton Dieu, les mettra à ta merci ; il répandra parmi eux un grand trouble, jusqu'à ce qu'ils soient détruits.

24 Il mettra leurs rois dans ta main, et tu effaceras leur mémoire sous le ciel ; pas un ne te tiendra tête, de sorte que tu les extermineras tous.

25 Les images de leurs divinités, vous les détruirez par le feu. Ne cède pas à la tentation de garder l'argent ou l'or qui les couvre, il ferait ton malheur ; car il est en abomination à l'Éternel, ton Dieu,

26 et tu ne dois pas apporter une abomination dans ta demeure, tu serais anathème comme elle : déteste-la, repousse-la avec horreur, elle est vouée à l'anathème !

CHAPITRE HUIT

"Tous les préceptes que je vous impose en ce jour, ayez soin de les suivre, afin que vous viviez et deveniez nombreux, quand vous serez entrés en possession de ce pays, que l'Éternel a promis par son serment à vos pères.

2 Tu te rappelleras cette traversée de quarante ans que l'Éternel, ton Dieu, t'a fait subir dans le désert, afin de t'éprouver par l'adversité, afin de connaître le fond de ton cœur, si tu resterais fidèle à ses lois, ou non.

3 Oui, il t'a fait souffrir et endurer la faim, puis il t'a nourri avec cette manne que tu ne connaissais pas et que n'avaient pas connue tes pères ; pour te prouver que l'homme ne vit pas seulement de pain, mais qu'il peut vivre de tout ce que produit le verbe du Seigneur.

4 Tes vêtements ne se sont pas usés sur toi, tes pieds n'ont pas été meurtris, durant ces quarante années.

5 Tu reconnaîtras donc en ta conscience que si l'Éternel, ton Dieu, te châtie, c'est comme un père châtie son fils ;

6 et tu observeras les commandements de l'Éternel, ton Dieu, en marchant dans ses voies et en le révérant.

7 Car l'Éternel, ton Dieu, te conduit dans un pays fortuné, un pays plein de cours d'eau, de sources et de torrents, qui s'épandent dans la vallée ou sur la montagne ;

8 un pays qui produit le froment et l'orge, le raisin, la figue et la grenade, l'olive huileuse et le miel ;

9 un pays où tu ne mangeras pas ton pain avec parcimonie, où tu ne manqueras de rien ; les cailloux y sont du fer, et de ses montagnes tu extrairas du cuivre.

10 Tu jouiras de ces biens, tu t'en rassasieras. Rends grâce alors à l'Éternel, ton Dieu, du bon pays qu'il t'aura donné !

11 Garde-toi d'oublier l'Éternel, ton Dieu, de négliger ses préceptes, ses institutions et ses lois, que je t'impose en ce jour.

12 Peut-être, jouissant d'une nourriture abondante, bâtissant de belles maisons où tu vivras tranquille,

13 voyant prospérer ton gros et ton menu bétail, croître ton argent et ton or, se multiplier tous tes biens,

14 peut-être ton cœur s'enorgueillira-t-il, et tu oublieras l'Éternel, ton Dieu, qui t'a tiré du pays d'Égypte, de la maison de servitude ;

15 qui t'a conduit à travers ce vaste et redoutable désert, plein de serpents venimeux et de scorpions, sol aride et sans eau ; qui a fait, pour toi, jaillir des eaux de la pierre des rochers ;

16 qui t'a nourri, dans ce désert, d'une manne inconnue à tes aïeux, car il voulait t'éprouver par les tribulations pour te rendre heureux à la fin ;

17 et tu diras en ton cœur : "C'est ma propre force, c'est le pouvoir de mon bras, qui m'a valu cette richesse."

18 Non ! C'est de l'Éternel, ton Dieu, que tu dois te souvenir, car c'est lui qui t'aura donné le moyen d'arriver à cette prospérité, voulant accomplir l'alliance jurée à tes pères, comme il le fera à cette époque.

19 Or, si jamais tu oublies l'Éternel, ton Dieu, si tu t'attaches à des dieux étrangers, que tu les serves et que tu leur rendes hommage, je vous le déclare en ce jour, vous périrez !

20 Comme ces peuples que l'Éternel fait disparaître devant vous, ainsi vous disparaîtrez vous-mêmes, pour n'avoir pas obéi à la voix de l'Éternel, votre Dieu !

CHAPITRE NEUF

Ecoute, ô Israël : tu franchis maintenant le Jourdain, pour aller déposséder des nations plus grandes et plus puissantes que toi aux villes importantes, dont les remparts touchent le ciel ;

2 une peuplade nombreuse et géante, des enfants d'Anak ! Et tu sais toi-même, tu l'as souvent ouï dire, qui peut tenir tête aux enfants d'Anak ?

3 Tu reconnaîtras donc que c'est l'Éternel, ton Dieu, qui marche devant toi, comme un feu dévorant ; c'est lui qui les anéantira, lui qui les fera plier devant toi, si bien que tu les vaincras et les détruiras sans peine, comme l'Éternel te l'a promis.

4 Ne dis pas en ton cœur, lorsque l'Éternel, ton Dieu, les aura ainsi écartés de devant toi : "C'est grâce à mon mérite que l'Éternel m'a introduit dans ce pays pour en prendre possession," quand c'est à cause de la perversité de ces peuples que l'Éternel les dépossède à ton profit.

5 Non, ce n'est pas à ton mérite ni à la droiture de ton cœur

que tu devras la conquête de leur pays : c'est pour leur iniquité que l'Éternel, ton Dieu, dépossède ces peuples à ton profit, et aussi pour accomplir la parole qu'il a jurée à tes pères, à Abraham, à Isaac et à Jacob.

6 Sache-le, ce ne peut être pour ta vertu que l'Éternel, ton Dieu, t'accorde la possession de ce beau pays, puisque tu es un peuple réfractaire.

7 Rappelle-toi, n'oublie jamais, combien tu as mécontenté l'Éternel, ton Dieu, dans le désert ! Depuis le jour où tu es sorti du pays d'Égypte, jusqu'à votre arrivée en ce lieu-ci, vous avez été rebelles envers le Seigneur !

8 Au Horeb même, vous avez mécontenté le Seigneur, et il s'irrita contre vous, au point de vouloir vous anéantir.

9 Je m'étais retiré sur la montagne pour recevoir les tables de pierre, les tables de l'alliance contractée par le Seigneur avec vous. Je restai sur la montagne quarante jours et quarante nuits, ne mangeant pas de pain, ne buvant point d'eau ;

10 et le Seigneur me remit les deux tables de pierre, burinées de son doigt divin, et contenant toutes les paroles que le Seigneur vous avait adressées sur la montagne, du milieu du feu, le jour de la convocation.

11 Ce fut au bout de quarante jours et de quarante nuits que le Seigneur me remit les deux tables de pierre, tables de l'alliance ;

12 et il me dit alors : "Va, descends d'ici en toute hâte, car on a perverti ton peuple, que tu as conduit hors de l'Égypte ; ils ont tôt abandonné la voie que je leur avais prescrite, ils se sont fabriqué une idole !"

13 Puis, l'Éternel me parla ainsi : "J'ai observé ce peuple : or, c'est un peuple rétif.

14 Laisse-moi, je veux les anéantir, je veux effacer leur nom sous le ciel, et faire naître de toi une nation plus grande et plus nombreuse que celle-ci."

15 Et je redescendis de la montagne, qui était alors en feu, tenant les deux tables d'alliance de mes deux mains ;

16 et je vis qu'en effet vous aviez péché contre l'Éternel, votre Dieu, vous vous étiez fait un veau de métal, prompts à quitter la voie que le Seigneur vous avait indiquée ;

17 et je saisis les deux tables, je les jetai de mes deux mains, je les brisai à vos yeux.

18 Puis je me prosternai devant le Seigneur, restant comme la première fois quarante jours et quarante nuits, sans manger de pain ni boire d'eau, à cause du grave péché que vous aviez commis en faisant ce qui déplaît au Seigneur, ce qui devait l'offenser.

19 Car j'étais effrayé de cette colère et de cette indignation dont le Seigneur était animé pour votre perte. Mais, cette fois-là encore, le Seigneur m'exauça.

20 Aaron aussi avait gravement irrité l'Éternel, qui voulait l'anéantir : j'intercédai pour Aaron aussi dans ce temps-là.

21 Et votre ouvrage impie, ce veau que vous aviez fabriqué, je m'en saisis, le jetai au feu, le mis entièrement en pièces et le réduisis en menue poussière ; puis je répandis cette poussière dans le torrent qui descend de la montagne.

22 De même à Tabéra, à Massa, à Kibroth-Hattaava, partout, vous avez irrité le Seigneur.

23 Et quand l'Éternel voulut vous faire partir de Kadêch-Barnéa, en disant :"Allez prendre possession du pays que je vous ai donné", vous avez désobéi à la parole de l'Éternel, votre Dieu, vous n'avez pas eu foi en lui, vous n'avez pas écouté sa voix !

24 Oui, vous avez été rebelles envers le Seigneur, depuis que je vous connais !

25 Je restai donc prosterné devant le Seigneur pendant les quarante jours et les quarante nuits que j'ai dit, car le Seigneur menaçait de vous anéantir,

26 et j'implorai le Seigneur, et je dis : "Seigneur-Elohim ! N'extermine pas ton peuple, ton héritage, que tu as sauvé par ta puissance, que tu as, d'une invincible main, fait sortir de l'Égypte !

27 Souviens-toi de tes serviteurs, d'Abraham, d'Isaac et de Jacob ; ne considère pas l'insoumission de ce peuple, sa perversité ni sa faute,

28 de peur qu'on ne dise, dans ce pays d'où tu nous as fait sortir : "C'est que l'Éternel n'avait pas le pouvoir de les introduire dans le pays qu'il leur avait promis ; ou bien, par haine pour eux, il les a fait sortir d'ici pour les immoler dans le désert."

29 Et pourtant, ils sont ton peuple et ton héritage, que tu as délivré par ta haute puissance, par ton bras triomphant !"

CHAPITRE DIX

"En ce temps-là, l'Éternel me dit : "Taille toi-même deux tables de pierre pareilles aux premières, et viens me trouver sur la montagne ; fais-toi aussi une arche de bois.

2 J'écrirai sur ces tables les paroles qui étaient sur les premières que tu as brisées, et tu les déposeras dans l'arche."

3 Je fis une arche en bois de chitîm, je taillai deux tables de pierre, semblables aux précédentes ; puis je montai sur la montagne, les deux tables à la main.

4 Et l'Éternel grava sur les tables la même inscription, les dix paroles qu'il vous avait fait entendre sur la montagne, du milieu du feu, le jour de la convocation ; puis l'Éternel me les remit.

5 Je redescendis de la montagne, je déposai les tables dans l'arche que j'avais faite, et elles y sont restées, ainsi que l'Éternel me l'avait prescrit.

6 (Or, les enfants d'Israël partirent de Beéroth-Benê-Yaakân

pour aller à Mocêra : là est mort Aaron, là il a été enseveli, et son fils Eléazar l'a remplacé dans le sacerdoce.

7 De là, ils allèrent à Goudgoda, et de Goudgoda à Yotbatha, contrée abondante en cours d'eau.

8 A cette même époque, l'Éternel distingua la tribu de Lévi, en la chargeant de porter l'arche de la divine alliance, de faire en permanence le service du Seigneur et de donner la bénédiction en son nom, comme elle l'a fait jusqu'à ce jour.

9 C'est pourquoi Lévi n'a reçu part ni héritage avec ses frères : c'est Dieu qui est son héritage, ainsi que l'Éternel, ton Dieu, le lui a déclaré).

10 J'étais donc resté sur la montagne, comme la première fois, quarante jours et quarante nuits ; et l'Éternel m'exauça cette fois encore, il ne voulut pas t'exterminer,

11 et il me dit : "Va, dirige la marche de ce peuple, pour qu'il atteigne et conquière le pays que j'ai juré à leurs pères de leur donner."

12 Et maintenant, ô Israël ! Ce que l'Éternel, ton Dieu, te demande uniquement, c'est de révérer l'Éternel, ton Dieu, de suivre en tout ses voies, de l'aimer, de le servir de tout ton cœur et de toute ton âme,

13 en observant les préceptes et les lois du Seigneur, que je t'impose aujourd'hui, pour devenir heureux.

14 Vois, l'Éternel, ton Dieu, possède les cieux et les cieux des cieux, la terre et tout ce qu'elle renferme :

15 et pourtant, ce sont tes pères qu'à préférés l'Éternel, se complaisant en eux ; et c'est leur postérité après eux, c'est vous qu'il a adoptés entre tous les peuples, comme vous le voyez aujourd'hui.

16 Supprimez donc l'impureté de votre cœur, et cessez de roidir votre cou.

17 Car l'Éternel, votre Dieu, c'est le Dieu des dieux et le maître des maîtres, Dieu souverain, puissant et redoutable, qui ne fait point acception de personnes, qui ne cède point à la corruption ;

18 qui fait droit à l'orphelin et à la veuve ; qui témoigne son amour à l'étranger, en lui assurant le pain et le vêtement.

19 Vous aimerez l'étranger, vous qui fûtes étrangers dans le pays d'Égypte !

20 C'est l'Éternel, ton Dieu, que tu dois révérer, c'est lui que tu dois servir ; attache-toi à lui seul, ne jure que par son nom.

21 Il est ton honneur, il est ton Dieu, celui qui a fait pour toi ces grandes et prodigieuses choses que tes yeux ont vues !

22 Tes ancêtres étaient soixante-dix âmes quand ils vinrent en Égypte ; et maintenant l'Éternel, ton Dieu, t'a multiplié comme les étoiles du ciel."

CHAPITRE ONZE

Tu aimeras donc l'Éternel, ton Dieu, et tu observeras ses lois, ses statuts, ses préceptes, en tous temps.

2 Reconnaissez en ce jour, car ce n'est pas à vos enfants que je parle, eux qui ne connaissent pas, qui n'ont point vu, reconnaissez les enseignements de l'Éternel, votre Dieu, sa grandeur, sa main puissante et son bras étendu ;

3 les signes et les œuvres qu'il a opérés au sein de l'Égypte, sur Pharaon, roi d'Égypte, et sur tout son pays ;

4 ce qu'il a fait à l'armée égyptienne, à ses chars et à sa cavalerie, alors qu'il les submergea sous les eaux de la mer des Joncs, quand ils vous poursuivaient, et que l'Éternel les fit disparaître jusqu'à ce jour ;

5 ce qu'il vous a fait dans le désert, jusqu'à votre arrivée en ce lieu ;

6 ce qu'il a fait à l'égard de Dathan et d'Abirâm, fils d'Elïab, descendant de Ruben, quand la terre ouvrit son sein et les

engloutit avec leurs familles et leurs tentes, et tous leurs adhérents, à la vue d'Israël entier.

7 Ce sont vos propres yeux qui ont vu toutes ces grandes œuvres opérées par l'Éternel !

8 Gardez donc tous les commandements que je vous donne aujourd'hui ; alors vous serez forts, et vous obtiendrez la possession du pays où vous allez, pour le conquérir.

9 Alors aussi vous vivrez de longs jours sur cette terre que l'Éternel a juré à vos ancêtres de donner à eux et à leur postérité, terre où ruissellent le lait et le miel.

10 Car le pays où tu vas pour le conquérir ne ressemble point au pays d'Égypte, d'où vous êtes sortis ; là, tu devais semer ta graine et l'humecter à l'aide du pied, comme en un jardin potager.

11 Mais le pays que vous allez conquérir est un pays de montagnes et de vallées, abreuvé par les pluies du ciel ;

12 un pays sur lequel veille l'Éternel, ton Dieu, et qui est constamment sous l'œil du Seigneur, depuis le commencement de l'année jusqu'à la fin.

13 Or, si vous êtes dociles aux lois que je vous impose en ce jour, aimant l'Éternel, votre Dieu, le servant de tout votre cœur et de toute votre âme,

14 je donnerai à votre pays la pluie opportune, pluie de printemps et pluie d'arrière-saison, et tu récolteras ton blé, et ton vin et ton huile.

15 Je ferai croître l'herbe dans ton champ pour ton bétail, et tu vivras dans l'abondance.

16 Prenez garde que votre cœur ne cède à la séduction, que vous ne deveniez infidèles, au point de servir d'autres dieux et de leur rendre hommage.

17 La colère du Seigneur s'allumerait contre vous, il défendrait au ciel de répandre la pluie, et la terre vous refuserait son tribut, et vous disparaîtriez bientôt du bon pays que l'Éternel vous destine.

18 Imprimez donc mes paroles dans votre cœur et dans votre pensée ; attachez-les, comme symbole, sur votre bras, et portez-les en fronteau entre vos yeux.

19 Enseignez-les à vos enfants en les répétant sans cesse, quand tu seras à la maison ou en voyage, soit que tu te couches, soit que tu te lèves.

20 Inscris-les sur les poteaux de ta maison et sur tes portes.

21 Alors la durée de vos jours et des jours de vos enfants, sur le sol que l'Éternel a juré à vos pères de leur donner, égalera la durée du ciel au-dessus de la terre.

22 Oui, si vous observez bien toute cette loi que je vous prescris d'accomplir, aimant l'Éternel, votre Dieu, marchant toujours dans ses voies et lui demeurant fidèles,

23 l'Éternel repoussera toutes ces nations devant vous, et vous déposséderez des peuples plus grands et plus forts que vous.

24 Toute région où se posera la plante de vos pieds, sera à vous : depuis le désert jusqu'au Liban, depuis le fleuve, le fleuve de l'Euphrate, jusqu'à la mer occidentale, s'étendra votre territoire.

25 Nul ne pourra tenir devant vous ; l'Éternel, votre Dieu, répandra votre terreur sur tous les lieux où vous porterez vos pas, ainsi qu'il vous l'a déclaré.

26 Voyez, je vous propose en ce jour, d'une part, la bénédiction, la malédiction de l'autre :

27 la bénédiction, quand vous obéirez aux commandements de l'Éternel, votre Dieu, que je vous impose aujourd'hui ;

28 et la malédiction, si vous n'obéissez pas aux commandements de l'Éternel, votre Dieu, si vous quittez la voie que je vous trace aujourd'hui, pour suivre des dieux étrangers, que vous ne connaissez point.

29 Or, quand l'Éternel, ton Dieu, t'aura installé dans le pays où tu vas pour le conquérir, tu proclameras la bénédiction sur le mont Garizim, la malédiction sur le mont Hébal.

30 Ces montagnes sont au delà du Jourdain, en arrière, dans la direction du couchant, dans la province des Cananéens habitants de la plaine, vis-à-vis de Ghilgal, près des chênes de Moré.

31 Car, vous allez passer le Jourdain pour marcher à la conquête du pays que l'Éternel, votre Dieu, vous donne ; vous en prendrez possession et y demeurerez.

32 Appliquez-vous alors à observer toutes les lois et les statuts que je vous expose en ce jour.

CHAPITRE DOUZE

"Voici les lois et les statuts que vous aurez soin d'observer dans le pays que l'Éternel, Dieu de tes pères, t'a destiné comme possession ; vous les observerez tout le temps que vous vivrez dans ce pays.

2 Vous devez détruire tous les lieux où les peuples dépossédés par vous auront honoré leurs dieux, sur les hautes montagnes et sur les collines, et au pied des arbres touffus.

3 Renversez leurs autels, brisez leurs monuments, livrez leurs bosquets aux flammes, abattez les images de leurs dieux ; effacez enfin leur souvenir de cette contrée.

4 Vous n'en userez point de la sorte envers l'Éternel, votre Dieu ;

5 mais uniquement à l'endroit que l'Éternel, votre Dieu, aura adopté entre toutes vos tribus pour y attacher son nom, dans ce lieu de sa résidence vous irez l'invoquer.

6 Là, vous apporterez vos holocaustes et vos sacrifices, vos

dîmes et vos offrandes, vos présents votifs ou spontanés, et les prémices de votre gros et menu bétail.

7 Là, vous les consommerez devant l'Éternel, votre Dieu, et vous jouirez, vous et vos familles, de tous les biens que vous devrez à la bénédiction de l'Éternel, votre Dieu.

8 Vous n'agirez point comme nous agissons ici actuellement, chacun selon sa convenance.

9 C'est que vous n'avez pas encore atteint la possession tranquille, l'héritage que l'Éternel, ton Dieu, te réserve.

10 Mais quand, le Jourdain passé, vous serez fixés dans le pays que l'Éternel, votre Dieu, vous donne en héritage ; quand il vous aura délivrés de tous vos ennemis d'alentour et que vous vivrez en sécurité,

11 c'est alors, au lieu choisi par l'Éternel, votre Dieu, pour y asseoir sa résidence, c'est là que vous apporterez tout ce que je vous prescris : vos holocaustes et vos sacrifices, vos dîmes et vos offrandes, et tous les présents de choix que vous aurez voués au Seigneur.

12 Et vous vous réjouirez en présence du Seigneur, votre Dieu, avec vos fils et vos filles, avec vos serviteurs et vos servantes, et aussi le Lévite qui sera dans vos murs, parce qu'il n'aura point, comme vous, de part héréditaire.

13 Garde-toi d'offrir tes holocaustes en tout lieu où bon te semblera :

14 mais uniquement au lieu que l'Éternel aura choisi dans l'une de tes tribus, là, tu offriras tes holocaustes, là, tu accompliras tout ce que je t'ordonne.

15 Néanmoins, tu pourras, à ton gré, tuer des animaux et en manger la chair, dans toutes tes villes, selon le bien-être que

l'Éternel, ton Dieu, t'aura accordé ; l'impur ainsi que le pur pourront la manger, comme la chair du chevreuil et du cerf.

16 Seulement, vous n'en mangerez point le sang : tu le répandras sur la terre, comme de l'eau.

17 Tu ne pourras pas consommer dans tes villes la dîme de ton blé, de ton vin, de ton huile, les premiers-nés de ton gros ni de ton menu bétail, les dons que tu auras voués, ceux que tu offriras spontanément ou que prélèvera ta main ;

18 mais tu devras les consommer en présence de l'Éternel, ton Dieu, dans le lieu qu'il aura choisi, toi, ton fils et ta fille, ton serviteur et ta servante, et le Lévite qui sera dans tes murs ; et tu jouiras, devant l'Éternel, ton Dieu, de ce que tu possèdes.

19 Garde-toi de négliger le Lévite, tant que tu vivras dans ton pays.

20 Quand l'Éternel, ton Dieu, aura étendu ton territoire comme il te l'a promis, et que tu diras : "Je voudrais manger de la viande," désireux que tu seras d'en manger, tu pourras manger de la viande au gré de tes désirs.

21 Trop éloigné du lieu choisi par l'Éternel, ton Dieu, comme siège de son nom, tu pourras tuer, de la manière que je t'ai prescrite, de ton gros ou menu bétail que l'Éternel t'aura donné, et en manger dans tes villes tout comme il te plaira.

22 Seulement, comme on mange du chevreuil et du cerf, ainsi tu en mangeras ; l'impur et le pur en pourront manger ensemble.

23 Mais évite avec soin d'en manger le sang ; car le sang c'est la vie, et tu ne dois pas absorber la vie avec la chair.

24 Ne le mange point ! Répands-le à terre, comme de l'eau.

25 Ne le mange point ! Afin que tu sois heureux, toi et tes enfants après toi, pour avoir fait ce qui plaît au Seigneur.

26 Quant aux choses saintes que tu posséderas et à tes

offrandes votives, tu les apporteras au lieu qu'aura choisi le Seigneur :

27 tu offriras tes holocaustes, la chair comme le sang, sur l'autel du Seigneur, ton Dieu ; pour tes autres sacrifices, le sang en sera répandu sur l'autel du Seigneur, ton Dieu, mais tu en consommeras la chair.

28 Retiens et observe toutes ces instructions que je te donne, afin d'être heureux, toi et tes descendants à jamais, en faisant ce qu'aime et approuve l'Éternel, ton Dieu.

29 Quand l'Éternel, ton Dieu, aura fait disparaître devant toi les peuples que tu vas déposséder, quand tu les auras dépossédés et que tu occuperas leur pays,

30 prends garde de te fourvoyer sur leurs traces, après les avoir vus périr ; ne va pas t'enquérir de leurs divinités et dire : "Comment ces peuples servaient-ils leurs dieux ? Je veux faire comme eux, moi aussi."

31 Non, n'agis point de la sorte envers l'Éternel, ton Dieu ! Car tout ce qu'abhorre l'Éternel, tout ce qu'il réprouve, ils l'ont fait pour leurs dieux ; car même leurs fils et leurs filles, ils les livrent au bûcher pour leurs dieux !

CHAPITRE TREIZE

"Tout ce que je vous prescris, observez-le exactement, sans y rien ajouter, sans en retrancher rien.

2 S'il s'élève au milieu de toi un prophète ou un visionnaire, t'offrant pour caution un signe ou un miracle ;

3 quand même s'accomplirait le signe ou le miracle qu'il t'a annoncé, en disant : "Suivons des dieux étrangers (que tu ne connais pas) et adorons-les",

4 tu n'écouteras pas les paroles de ce prophète ou de ce visionnaire ! Car l'Éternel, votre Dieu, vous met à l'épreuve, pour constater si vous l'aimez réellement de tout votre cœur et de toute votre âme.

5 C'est l'Éternel, votre Dieu, qu'il faut suivre, c'est lui que vous devez craindre ; vous n'observerez que ses préceptes, n'obéirez qu'à sa voix ; à lui votre culte, à lui votre attachement !

6 Pour ce prophète ou ce visionnaire, il sera mis à mort, parce qu'il a prêché la révolte contre l'Éternel, votre Dieu, qui vous a tirés du pays d'Égypte et rachetés de la maison de servitude,

voulant ainsi t'écarter de la voie que l'Éternel, ton Dieu, t'a ordonné de suivre ; et tu extirperas le mal du milieu de toi.

7 Si ton frère, l'enfant de ta mère, si ton fils ou ta fille, ta compagne ou l'ami de ton cœur vient secrètement te séduire, en disant : "Allons servir des dieux étrangers," que toi ni tes pères n'avez jamais connus,

8 tels que les dieux des peuples qui sont autour de vous, dans ton voisinage ou loin de toi, depuis un bout de la terre jusqu'à l'autre,

9 toi, n'y accède pas, ne l'écoute point : bien plus, ferme ton œil à la pitié, ne l'épargne pas ni ne dissimule son crime,

10 au contraire, tu devras le faire périr ! Ta main le frappera la première pour qu'il meure, et la main de tout le peuple ensuite.

11 C'est à coups de pierres que tu le feras mourir, parce qu'il a tenté de t'éloigner de l'Éternel, ton Dieu, qui t'a délivré du pays d'Égypte, de la maison d'esclavage,

12 et afin que tout Israël l'apprenne et tremble, et que nul ne commette plus un tel méfait au milieu de vous.

13 Si tu entends dire, à l'égard de l'une des villes que l'Éternel, ton Dieu, te donnera pour y habiter,

14 que des hommes pervers, nés dans ton sein, ont égaré les habitants de cette ville, en disant : "Allons, servons des dieux étrangers," que vous ne connaissez point,

15 tu feras une enquête, tu examineras, tu t'informeras avec soin ; et si le fait est avéré, constant, si cette abomination a été commise au milieu de toi,

16 tu passeras au fil de l'épée les habitants de cette ville, tu la voueras, avec tout ce qu'elle renferme, jusqu'au bétail, au tranchant du glaive ;

17 tu en réuniras toutes les richesses au centre de la place, et

tu livreras au feu la ville et tous ses biens, sans réserve, en l'honneur de l'Éternel, ton Dieu. Elle restera une ruine éternelle, elle ne sera plus rebâtie.

18 Que rien de la cité maudite ne s'attache à ta main, afin que l'Éternel apaise sa colère, qu'il te prenne en pitié et te dédommage en te multipliant, comme il l'a juré à tes pères,

19 si tu écoutes la voix de l'Éternel, ton Dieu, en observant tous ses commandements que je te signifie en ce jour, en faisant ce qui est juste aux yeux de l'Éternel, ton Dieu.

CHAPITRE QUATORZE

"Vous êtes les enfants de l'Éternel, votre Dieu : ne vous tailladez point le corps, ne vous rasez pas entre les yeux, en l'honneur d'un mort.

2 Car tu es un peuple consacré à l'Éternel, ton Dieu, et c'est toi qu'il a choisi, l'Éternel, pour lui être un peuple spécial entre tous les peuples répandus sur la terre.

3 Tu ne mangeras d'aucune chose abominable.

4 Voici les animaux dont vous pouvez manger : le bœuf, le menu bétail, brebis et chèvre ;

5 le cerf, le chevreuil, le daim, le bouquetin, l'antilope, l'aurochs, le zémer.

6 Bref, tout quadrupède qui a le pied corné et divisé en deux ongles distincts, parmi les animaux ruminants, vous pouvez le manger.

7 Mais vous ne mangerez point les suivants, qui ruminent ou qui ont l'ongle fendu seulement : le chameau, le lièvre, la

gerboise (car ils ruminent, mais n'ont pas l'ongle fendu : ils seront impurs pour vous) ;

8 ni le porc, parce qu'il a l'ongle fendu, mais ne rumine point : il sera impur pour vous. Ne mangez point de leur chair, et ne touchez point à leur cadavre.

9 Voici ceux que vous mangerez, entre les animaux aquatiques : tout ce qui a des nageoires et des écailles, vous pouvez le manger ;

10 mais tout ce qui est privé de nageoires et d'écailles, vous n'en mangerez point : c'est impur pour vous.

11 Tout oiseau pur, vous pouvez le manger.

12 Voici ceux que vous ne mangerez point : l'aigle, l'orfraie, la valérie ;

13 le faucon, le vautour, l'autour selon ses espèces ;

14 tous les corbeaux selon leurs espèces ;

15 l'autruche, l'hirondelle, la mouette, l'épervier selon ses espèces ;

16 le hibou, la hulotte, le porphyrion ;

17 le pélican, le percnoptère, le cormoran ;

18 la cigogne, le héron selon ses espèces, le tétras et la chauve-souris.

19 Tout insecte ailé sera impur pour vous, l'on n'en mangera point ;

20 mais tout volatile pur, vous pourrez le manger.

21 Vous ne mangerez d'aucune bête morte : donne-la à manger à l'étranger admis dans tes murs, ou vends-la à ceux du dehors, car tu es un peuple consacré à l'Éternel, ton Dieu. Tu ne feras pas cuire un chevreau dans le lait de sa mère.

22 Tu prélèveras la dîme du produit de ta semence, de ce qui vient annuellement sur ton champ,

23 et tu la consommeras en présence de l'Éternel, ton Dieu, dans la localité qu'il aura choisie comme résidence de son nom ; savoir, la dîme de ton blé, de ton vin et de ton huile, les premiers-nés de ton gros et de ton menu bétail, afin que tu t'accoutumes à honorer continuellement l'Éternel, ton Dieu.

24 Si le chemin, trop long pour toi, ne te permet pas ce transport, éloigné que tu seras du lieu choisi par l'Éternel, ton Dieu, comme siège de son nom, et parce que l'Éternel, ton Dieu, t'aura comblé de biens,

25 tu les convertiras en argent, tu réuniras la somme dans ta main, et tu iras à l'endroit que l'Éternel, ton Dieu, aura choisi.

26 Tu emploieras cet argent à telle chose qu'il te plaira, gros ou menu bétail, vins ou liqueurs fortes, enfin ce que ton goût réclamera, et tu le consommeras là, en présence de l'Éternel, ton Dieu, et tu te réjouiras avec ta famille.

27 Et le Lévite qui sera dans tes murs, tu ne le négligeras pas, car il n'a point de part ni de patrimoine comme toi.

28 A la fin de la troisième année, tu extrairas la dîme entière de tes produits de cette année et tu la déposeras dans tes murs,

29 pour que le Lévite, qui n'a point de part ni de patrimoine comme toi, l'étranger, l'orphelin et la veuve qui sont dans tes murs, puissent venir manger et se rassasier ; de la sorte, l'Éternel, ton Dieu, te bénira en toute œuvre que ta main pourra faire.

CHAPITRE QUINZE

" Tous les sept ans, tu pratiqueras la loi de rémission.
2 Voici le sens de cette rémission : tout créancier doit faire remise de sa créance, de ce qu'il aura prêté à son prochain. Il n'exercera pas de contrainte contre son prochain et son frère, dès qu'on a proclamé la rémission en l'honneur du Seigneur.
3 L'étranger, tu peux le contraindre ; mais ce que ton frère aura à toi, que ta main l'abandonne.
4 A la vérité, il ne doit pas y avoir d'indigent chez toi ; car l'Éternel veut te bénir dans ce pays que lui, ton Dieu, te destine comme héritage pour le posséder.
5 Mais c'est quand tu obéiras à la voix de l'Éternel, ton Dieu, en observant avec soin toute cette loi que je t'impose en ce jour.
6 Car alors l'Éternel, ton Dieu, te bénira comme il te l'a promis ; et tu pourras prêter à bien des peuples, mais tu n'emprunteras point ; et tu domineras sur bien des peuples, mais on ne dominera pas sur toi.

7 Que s'il y a chez toi un indigent, d'entre tes frères, dans l'une de tes villes, au pays que l'Éternel, ton Dieu, te destine, tu n'endurciras point ton cœur, ni ne fermeras ta main à ton frère nécessiteux.

8 Ouvre-lui plutôt ta main ! Prête-lui en raison de ses besoins, de ce qui peut lui manquer !

9 Garde-toi de nourrir une pensée perverse en ton cœur, en te disant "que la septième année, l'année de rémission approche," et, sans pitié pour ton frère nécessiteux, de lui refuser ton secours : il se plaindrait de toi au Seigneur, et tu te rendrais coupable d'un péché,

10 Non ! Il faut lui donner, et lui donner sans que ton cœur le regrette ; car, pour prix de cette conduite, l'Éternel, ton Dieu, te bénira dans ton labeur et dans toutes les entreprises de ta main.

11 Or, il y aura toujours des nécessiteux dans le pays ; c'est pourquoi, je te fais cette recommandation : ouvre, ouvre ta main à ton frère, au pauvre, au nécessiteux qui sera dans ton pays !

12 Si un Hébreu, ton frère, ou une femme hébreue te sont vendus, ils te serviront six ans ; et la septième année tu les renverras, libres, de chez toi.

13 Or, en libérant cet esclave de ton service, ne le renvoie pas les mains vides,

14 mais donne-lui des présents, de ton menu bétail, de ta grange et de ton pressoir ; ce dont l'Éternel, ton Dieu, t'aura favorisé, fais-lui-en part.

15 Souviens-toi que tu fus esclave au pays d'Égypte, et que l'Éternel, ton Dieu, t'a affranchi ; c'est pourquoi je te prescris aujourd'hui ce commandement.

16 Il peut arriver que l'esclave te dise : "Je ne veux point te

quitter," attaché qu'il sera à toi et à ta maison, parce qu'il aura été heureux chez toi ;

17 alors tu prendras un poinçon, tu en perceras son oreille contre la porte, et il restera ton esclave indéfiniment. Tu en useras de même pour ta servante.

18 Qu'il ne t'en coûte pas trop de le renvoyer libre de chez toi, car il a gagné deux fois le salaire d'un mercenaire en te servant six années : et l'Éternel, ton Dieu, te bénira dans toutes tes entreprises.

19 Tous les premiers-nés mâles de ton gros et de ton menu bétail, tu les consacreras à l'Éternel, ton Dieu : tu ne feras point travailler le premier-né de ton gros bétail, et tu ne tondras point le premier-né de tes brebis.

20 C'est devant l'Éternel, ton Dieu, à l'endroit qu'il aura choisi, que tu le consommeras annuellement, toi et ta famille.

21 Que s'il a un défaut, s'il est boiteux ou aveugle, ou s'il a quelque autre vice grave, ne l'immole pas à l'Éternel, ton Dieu.

22 Consomme-le dans tes villes, l'homme pur et l'impur le mangeront indistinctement comme le chevreuil et le cerf.

23 Seulement, tu n'en mangeras point le sang, tu le répandras à terre comme de l'eau.

CHAPITRE SEIZE

"Prends garde au mois de la germination, pour célébrer la Pâque en l'honneur de l'Éternel, ton Dieu ; car c'est dans le mois de la germination que l'Éternel, ton Dieu, t'a fait sortir d'Égypte, la nuit.

2 Tu immoleras le sacrifice pascal à l'Éternel, ton Dieu, parmi le menu et le gros bétail, dans le lieu que l'Éternel aura choisi pour y fixer son nom.

3 Tu ne dois pas manger de pain levé avec ce sacrifice ; durant sept jours tu mangeras en outre des azymes, pain de misère, car c'est avec précipitation que tu as quitté le pays d'Égypte, et il faut que tu te souviennes, tous les jours de ta vie, du jour où tu as quitté le pays d'Égypte.

4 Qu'on ne voie pas de levain chez toi, dans tout ton territoire, durant sept jours, et qu'il ne reste rien, le lendemain, de la chair du sacrifice offert le soir du premier jour.

5 Tu ne pourras pas immoler l'agneau pascal dans quelqu'une des villes que l'Éternel, ton Dieu, te donnera ;

6 mais uniquement au lieu que l'Éternel, ton Dieu, aura choisi pour y faire résider son nom, là tu immoleras le sacrifice pascal sur le soir, au coucher du soleil, à l'anniversaire de ta sortie d'Égypte.

7 Tu le feras cuire et le mangeras en ce même lieu que l'Éternel, ton Dieu, aura choisi ; puis, le lendemain, tu pourras t'en retourner dans tes demeures.

8 Six jours tu mangeras des azymes ; de plus, le septième jour, il y aura une fête solennelle pour l'Éternel, ton Dieu : tu ne feras aucun travail.

9 Puis tu compteras sept semaines : aussitôt qu'on mettra la faucille aux blés, tu commenceras à compter ces sept semaines.

10 Et tu célébreras une fête des semaines en l'honneur de l'Éternel, ton Dieu, à proportion des dons que ta main pourra offrir, selon que l'Éternel, ton Dieu, t'aura béni.

11 Et tu te réjouiras en présence de l'Éternel, ton Dieu, toi, ton fils et ta fille, ton esclave et ta servante, le Lévite qui sera dans tes murs, l'étranger, l'orphelin et la veuve qui seront près de toi, dans l'enceinte que l'Éternel, ton Dieu, aura choisie pour y faire habiter son nom.

12 Tu te souviendras que tu as été esclave en Égypte, et tu observeras fidèlement ces lois.

13 Tu célébreras la fête des tentes durant sept jours, quand tu rentreras les produits de ton aire et de ton pressoir ;

14 et tu te réjouiras pendant la fête et, avec toi, ton fils et ta fille, ton serviteur et ta servante, et le Lévite, l'étranger, l'orphelin, la veuve qui seront dans tes murs.

15 Tu fêteras ces sept jours en l'honneur de l'Éternel, ton Dieu, dans le lieu qu'il aura choisi ; car il te bénira, l'Éternel, ton

Dieu, dans tous tes revenus, dans tout le labeur de tes mains, et tu pourras t'abandonner à la joie.

16 Trois fois l'an, tous tes mâles paraîtront en présence du Seigneur, ton Dieu, dans l'endroit qu'il aura élu : à la fête des azymes, à celle des semaines et à celle des tentes. Et que l'on ne paraisse pas les mains vides en présence du Seigneur.

17 Mais chacun donnera selon ses moyens, selon les bénédictions que l'Éternel, ton Dieu, t'aura dispensées.

18 Tu institueras des juges et des magistrats dans toutes les villes que l'Éternel, ton Dieu, te donnera, dans chacune de tes tribus ; et ils devront juger le peuple selon la justice.

19 Ne fais pas fléchir le droit, n'aie pas égard à la personne, et n'accepte point de présent corrupteur, car la corruption aveugle les yeux des sages et fausse la parole des justes.

20 C'est la justice, la justice seule que tu dois rechercher, si tu veux te maintenir en possession du pays que l'Éternel, ton Dieu, te destine.

21 Ne plante chez toi ni bosquet ni arbre quelconque auprès de l'autel que tu devras ériger à l'Éternel, ton Dieu ;

22 et n'érige pas de statue chez toi, chose odieuse à l'Éternel, ton Dieu.

CHAPITRE DIX-SEPT

"N'immole à l'Éternel, ton Dieu, ni grosse ni menue bête qui ait un défaut ou un vice quelconque ; c'est un objet d'aversion pour l'Éternel, ton Dieu.

2 S'il se trouve dans ton sein, dans l'une des villes que l'Éternel, ton Dieu, te donnera, un homme ou une femme qui fasse une chose coupable aux yeux de l'Éternel, ton Dieu, en violant son alliance ;

3 qui soit allé servir d'autres divinités et se prosterner devant elles, ou devant le soleil ou la lune, ou quoi que ce soit de la milice céleste, contrairement à ma loi :

4 instruit du fait par ouï-dire, tu feras une enquête sévère ; et si la chose est avérée, constante, si cette infamie s'est commise en Israël,

5 tu feras conduire aux portes de la ville cet homme ou cette femme, coupable d'un tel crime, l'homme ou la femme ! Et tu les lapideras, pour qu'ils meurent sous les pierres.

6 C'est sur la déposition de deux ou de trois témoins que sera

mis à mort celui qui encourt la peine capitale ; il ne pourra être supplicié sur le dire d'un seul témoin.

7 La main des témoins doit le frapper la première pour le faire mourir, et la main du peuple en dernier lieu, et tu extirperas ainsi le mal du milieu de toi.

8 Si tu es impuissant à prononcer sur un cas judiciaire, sur une question de meurtre ou de droit civil, ou de blessure corporelle, sur un litige quelconque porté devant tes tribunaux, tu te rendras à l'endroit qu'aura choisi l'Éternel, ton Dieu ;

9 tu iras trouver les pontifes, descendants de Lévi, ou le juge qui siégera à cette époque ; tu les consulteras, et ils t'éclaireront sur le jugement à prononcer.

10 Et tu agiras selon leur déclaration, émanée de ce lieu choisi par l'Éternel, et tu auras soin de te conformer à toutes leurs instructions.

11 Selon la doctrine qu'ils t'enseigneront, selon la règle qu'ils t'indiqueront, tu procéderas ; ne t'écarte de ce qu'ils t'auront dit ni à droite ni à gauche.

12 Et celui qui, téméraire en sa conduite, n'obéirait pas à la décision du pontife établi là pour servir l'Éternel, ton Dieu, ou à celle du juge, cet homme doit mourir, pour que tu fasses disparaître ce mal en Israël ;

13 afin que tous l'apprennent et tremblent, et n'aient plus pareille témérité.

14 Quand, arrivé dans le pays que l'Éternel, ton Dieu, te donne, tu en auras pris possession et y seras bien établi, si tu dis alors : "Je voudrais mettre un roi à ma tête, à l'exemple de tous les peuples qui m'entourent",

15 tu pourras te donner un roi, celui dont l'Éternel, ton Dieu, approuvera le choix : c'est un de tes frères que tu dois désigner

pour ton roi ; tu n'auras pas le droit de te soumettre à un étranger, qui ne serait pas ton frère.

16 Seulement, il doit se garder d'entretenir beaucoup de chevaux, et ne pas ramener le peuple en Égypte pour en augmenter le nombre, l'Éternel vous ayant déclaré que vous ne reprendrez plus ce chemin-là désormais.

17 Il ne doit pas non plus avoir beaucoup de femmes, de crainte que son cœur ne s'égare ; même de l'argent et de l'or, il n'en amassera pas outre mesure.

18 Or, quand il occupera le siège royal, il écrira pour son usage, dans un livre, une copie de cette doctrine, en s'inspirant des pontifes descendants de Lévi.

19 Elle restera par devers lui, car il doit y lire toute sa vie, afin qu'il s'habitue à révérer l'Éternel, son Dieu, qu'il respecte et exécute tout le contenu de cette doctrine et les présents statuts ;

20 afin que son cœur ne s'enorgueillisse point à l'égard de ses frères, et qu'il ne s'écarte de la loi ni à droite ni à gauche. De la sorte, il conservera longtemps sa royauté, lui ainsi que ses fils, au milieu d'Israël.

CHAPITRE DIX-HUIT

Il n'est accordé aux pontifes, descendants de Lévi, à la tribu de Lévi en général, ni part ni héritage comme au reste d'Israël : c'est des sacrifices de l'Éternel et de son patrimoine qu'ils subsisteront.

2 Ils n'auront point d'héritage au milieu de leurs frères : c'est Dieu qui est leur héritage, comme il le leur a déclaré.

3 Voici quel sera le droit dû aux pontifes par le peuple, par quiconque tuera une bête, soit de gros ou de menu bétail : il en donnera au pontife l'épaule, les mâchoires et l'estomac.

4 Les prémices de ton blé, de ton vin, de ton huile, les prémices de la toison de ton menu bétail, tu les lui donneras.

5 Car c'est lui que l'Éternel, ton Dieu, a désigné entre toutes les tribus, pour remplir, en permanence, son ministère au nom de l'Éternel, de père en fils, à jamais.

6 Lorsque le Lévite, quittant l'une de tes villes, une localité quelconque en Israël où il habite, viendra, de son plein gré, à l'endroit élu par le Seigneur,

7 il pourra servir au nom de l'Éternel, son Dieu, comme tous ses frères les Lévites, qui se tiennent là devant l'Éternel.

8 Il jouira d'une portion égale à la leur, indépendamment de ses ventes sur les biens paternels.

9 Quand tu seras entré dans le pays que l'Éternel, ton Dieu, te donne, ne t'habitue pas à imiter les abominations de ces peuples-là.

10 Qu'il ne se trouve personne, chez toi, qui fasse passer par le feu son fils ou sa fille ; qui pratique des enchantements, qui s'adonne aux augures, à la divination, à la magie

11 qui emploie des charmes, qui ait recours aux évocations ou aux sortilèges ou qui interroge les morts.

12 Car l'Éternel a horreur de quiconque fait pareilles choses ; et c'est à cause de telles abominations que l'Éternel, ton Dieu, déposséde ces peuples à ton profit.

13 Reste entièrement avec l'Éternel, ton Dieu !

14 Car ces nations que tu vas déposséder ajoutent foi à des augures et à des enchanteurs ; mais toi, ce n'est pas là ce que t'a départi l'Éternel, ton Dieu.

15 C'est un prophète sorti de tes rangs, un de tes frères comme moi, que l'Éternel, ton Dieu, suscitera en ta faveur : c'est lui que vous devez écouter !

16 Absolument comme tu l'as demandé à l'Éternel, ton Dieu, au mont Horeb, le jour de la convocation, quand tu as dit : "Je ne veux plus entendre la voix de l'Éternel, mon Dieu, et ce feu intense, je ne veux plus le voir, de peur d'en mourir ;

17 et le Seigneur me dit alors : "Ils ont bien parlé.

18 Je leur susciterai un prophète du milieu de leurs frères, tel que toi, et je mettrai mes paroles dans sa bouche, et il leur dira tout ce que je lui ordonnerai.

19 Et alors, celui qui n'obéira pas à mes paroles, qu'il énoncera en mon nom, c'est moi qui lui demanderai compte !

20 Toutefois, si un prophète avait l'audace d'annoncer en mon nom une chose que je ne lui aurais pas enjoint d'annoncer, ou s'il parlait au nom d'un divinité étrangère, ce prophète doit mourir."

21 Mais, diras-tu en toi-même, comment reconnaîtrons-nous la parole qui n'émane pas de l'Éternel ?

22 Si le prophète annonce de la part de l'Éternel une chose qui ne saurait être, ou qui n'est pas suivie d'effet, cette annonce n'aura pas été dictée par l'Éternel ; c'est avec témérité que le prophète l'a émise, ne crains pas de sévir à son égard.

CHAPITRE DIX-NEUF

"Quand l'Éternel, ton Dieu, aura fait disparaître les peuples dont il te donne le territoire, quand tu les auras dépossédés et que tu seras établi dans leurs villes et dans leurs maisons,

2 tu te réserveras trois villes dans ce pays dont l'Éternel, ton Dieu, t'accorde la possession.

3 Tu devras en faciliter l'accès et diviser en trois parts le territoire du pays que l'Éternel, ton Dieu, te fera échoir ; et cela, pour que tout meurtrier s'y puisse réfugier.

4 Or, voici dans quel cas le meurtrier, en s'y réfugiant, aura la vie sauve : s'il a frappé son prochain sans intention, n'ayant pas été son ennemi antérieurement.

5 Ainsi, il entre avec son compagnon dans la forêt pour abattre du bois ; sa main brandissant la cognée pour couper l'arbre, le fer s'échappe du manche et atteint le compagnon, qui en meurt : l'autre alors pourra fuir dans une de ces villes et sauver sa vie.

6 Autrement, le vengeur du sang pourrait, dans l'effervescence de son cœur, courir sus au meurtrier, l'atteindre si le chemin était long, et lui porter un coup mortel ; et cependant, il ne méritait point la mort, puisqu'il ne haïssait pas l'autre antérieurement.

7 C'est pour cela que je te donne cet ordre : Réserve-toi trois villes.

8 Que si l'Éternel, ton Dieu, élargit ta frontière, comme il l'a juré à tes ancêtres, et te donne la région entière qu'il a déclaré octroyer à tes pères,

9 à condition que tu t'appliques à accomplir toute cette loi que je t'impose en ce jour, d'aimer l'Éternel, ton Dieu, et de marcher constamment dans ses voies, alors tu ajouteras encore trois villes à ces trois-là ;

10 afin que le sang innocent ne soit pas répandu au sein de ce pays que l'Éternel, ton Dieu, te donne pour héritage, et qu'une responsabilité sanglante ne pèse point sur toi.

11 Mais si quelqu'un, animé de haine pour son prochain, le guette, se jette sur lui et le frappe de manière à lui donner la mort, puis se réfugie dans une des villes en question,

12 les anciens de sa ville le feront extraire de là et le livreront au vengeur du sang pour qu'il meure.

13 Que ton œil soit sans pitié pour lui ; tu feras disparaître d'Israël le sang innocent, et tu t'en trouveras bien.

14 Ne déplace point la borne de ton voisin, telle que l'auront posée les devanciers, dans le lot qui te sera échu sur le territoire dont l'Éternel, ton Dieu, t'accorde la possession.

15 Un témoignage isolé ne sera pas valable contre une personne, quel que soit le crime ou le délit, quelque faute qui lui

soit imputée : c'est par la déposition de deux témoins, ou de trois, qu'un fait sera établi.

16 Si un témoin malveillant se présente contre un individu, pour l'accuser d'un méfait,

17 les deux personnes intéressées dans le débat comparaîtront devant l'Éternel, devant les pontifes et les juges en fonctions à cette époque.

18 Ceux-ci examineront attentivement ; et si ce témoin est un faux témoin, si c'est un mensonge qu'il a articulé contre son frère,

19 vous le traiterez comme il a eu dessein de faire traiter son frère, et tu extirperas le mal du milieu de toi.

20 Les autres l'apprendront et seront intimidés, et l'on n'osera plus commettre une aussi mauvaise action chez toi.

21 Ne laisse donc point s'attendrir ton regard : vie pour vie, œil pour œil, dent pour dent, main pour main, pied pour pied !

CHAPITRE VINGT

"Quand tu t'avanceras contre tes ennemis pour leur livrer bataille, et que tu verras cavalerie et chariots de guerre, une armée supérieure à la tienne, n'en sois pas effrayé ; car tu as avec toi l'Éternel, ton Dieu, qui t'a fait sortir du pays d'Égypte.

2 Or, quand vous serez sur le point de combattre, le pontife s'avancera et parlera au peuple.

3 Il leur dira : "Ecoute, Israël ! Vous allez, en ce moment, livrer bataille à vos ennemis ; que votre courage ne mollisse point ; soyez sans crainte, ne vous laissez ni déconcerter ni terrifier par eux.

4 Car c'est l'Éternel, votre Dieu, qui marche avec vous, afin de combattre pour vous contre vos ennemis et de vous procurer la victoire."

5 Ensuite les préposés parleront au peuple en ces termes : "Si quelqu'un a bâti une maison neuve et n'en a pas encore pris

possession, qu'il parte et s'en retourne à sa maison ; car il pourrait mourir dans la bataille, et un autre en prendrait possession.

6 Si quelqu'un a planté une vigne et n'en a pas encore acquis la jouissance, qu'il parte et s'en retourne chez lui ; car il pourrait mourir dans la bataille, et un autre acquerrait cette jouissance.

7 Et si quelqu'un a promis mariage à une femme et ne l'a pas encore épousée, qu'il parte et s'en retourne chez lui ; car il pourrait mourir dans la bataille, et un autre homme l'épouserait."

8 Les préposés adresseront de nouveau la parole au peuple, et diront : "S'il est un homme qui ait peur et dont le cœur soit lâche, qu'il se retire et retourne chez lui, pour que le cœur de ses frères ne défaille point comme le sien !"

9 Alors, les préposés ayant fini de parler au peuple, on placera des officiers de légions à la tête de l'armée.

10 Quand tu marcheras sur une ville pour l'attaquer, tu l'inviteras d'abord à la paix.

11 Alors, si elle te répond dans le sens de la paix et t'ouvre ses portes, tout ce qu'elle renferme d'habitants te devront tribut et te serviront.

12 Mais si elle ne compose pas avec toi et veut te faire la guerre, tu assiégeras cette ville.

13 Et l'Éternel, ton Dieu, la livrera en ton pouvoir, et tu feras périr tous ses habitants mâles par le tranchant de l'épée.

14 Il n'y aura que les femmes, les enfants, le bétail, et tout ce qui se trouvera dans la ville en fait de butin, que tu pourras capturer ; et tu profiteras de la dépouille de tes ennemis, que l'Éternel, ton Dieu, t'aura livrée.

15 Ainsi procéderas-tu pour toutes les villes situées très loin de chez toi, qui ne font point partie des villes de ces nations ;

16 mais dans les villes de ces peuples que l'Éternel, ton Dieu, te donne comme héritage, tu ne laisseras pas subsister une âme.

17 Car tu dois les vouer à l'extermination, le Héthéen et l'Amorréen, le Cananéen et le Phérézéen, le Hévéen et le Jébuséen, comme te l'a commandé l'Éternel, ton Dieu,

18 afin qu'ils ne vous apprennent pas à imiter toutes les abominations commises par eux en l'honneur de leurs dieux, et à devenir coupables envers l'Éternel, votre Dieu.

19 Si tu es arrêté longtemps au siège d'une ville que tu attaques pour t'en rendre maître, tu ne dois cependant pas en détruire les arbres en portant sur eux la cognée : ce sont eux qui te nourrissent, tu ne dois pas les abattre. Oui, l'arbre du champ c'est l'homme même, tu l'épargneras dans les travaux du siège.

20 Seulement, l'arbre que tu sauras n'être pas un arbre fruitier, celui-là tu peux le sacrifier et l'abattre, pour l'employer à des travaux de siège contre la ville qui est en guerre avec toi, jusqu'à ce qu'elle succombe.

CHAPITRE VINGT-ET-UN

"Si l'on trouve, dans le pays que l'Éternel, ton Dieu, te donne en possession, un cadavre gisant en plein champ, et que l'auteur du meurtre soit resté inconnu,

2 tes anciens et tes juges s'y transporteront, et mesureront la distance jusqu'aux villes situées autour du cadavre.

3 La ville la plus rapprochée du cadavre étant déterminée, les anciens de cette ville prendront une jeune vache qu'on n'aura pas encore employée au travail, qui n'aura porté aucun joug.

4 Ces anciens feront descendre la génisse dans un bas-fond sauvage, où on ne laboure ni ne sème, et là, dans ce bas-fond, ils briseront la nuque à la génisse.

5 Puis s'avanceront les pontifes, descendants de Lévi ; car ce sont eux que l'Éternel, ton Dieu, a désignés pour le servir, pour prononcer les bénédictions en son nom, et c'est par eux qu'est jugé tout débat, tout dommage.

6 Et tous les anciens de la ville en question, comme voisins

du cadavre, se laveront les mains sur la génisse dont on a brisé la nuque dans le bas-fond.

7 Et ils diront tour à tour : "Nos mains n'ont point répandu ce sang-là, et nos yeux ne l'ont point vu répandre.

8 Pardonne à ton peuple Israël, que tu as racheté, Seigneur ! Et n'impute pas le sang innocent à ton peuple Israël !" Et ce sang leur sera pardonné.

9 Toi, cependant, tu dois faire disparaître du milieu de toi le sang innocent, si tu veux faire ce qui est juste aux yeux de l'Éternel.

10 Quand tu iras en guerre contre tes ennemis, que l'Éternel, ton Dieu, les livrera en ton pouvoir, et que tu leur feras des prisonniers ;

11 si tu remarques, dans cette prise, une femme de belle figure, qu'elle te plaise, et que tu la veuilles prendre pour épouse,

12 tu l'emmèneras d'abord dans ta maison ; elle se rasera la tête et se coupera les ongles,

13 se dépouillera de son vêtement de captive, demeurera dans ta maison et pleurera son père et sa mère, un mois entier. Alors seulement, tu pourras t'approcher d'elle et avoir commerce avec elle, et elle deviendra ainsi ton épouse.

14 S'il arrive que tu n'aies plus de goût pour elle, tu la laisseras partir libre de sa personne, mais tu ne pourras pas la vendre à prix d'argent : tu ne la traiteras plus comme esclave, après lui avoir fait violence.

15 Si un homme possède deux femmes, l'une qu'il aime, l'autre qu'il dédaigne ; si l'une et l'autre lui donnent des enfants, et que le fils premier-né se trouve appartenir à la femme dédaignée,

16 le jour où il partagera entre ses fils l'héritage de ce qu'il

possède, il ne pourra point conférer le droit d'aînesse au fils de la femme préférée, aux dépens du fils de la dédaignée qui est l'aîné.

17 C'est le fils aîné de la dédaignée qu'il doit reconnaître pour tel, lui attribuant une part double dans tout son avoir ; car c'est lui qui est le premier fruit de sa force, à lui appartient le droit d'aînesse.

18 Si un homme a un fils libertin et rebelle, sourd à la voix de son père comme à celle de sa mère, et qui, malgré leurs corrections, persiste à leur désobéir,

19 son père et sa mère se saisiront de lui, le traduiront devant les anciens de sa ville, au tribunal de sa localité,

20 et ils diront aux anciens de la ville : "Notre fils que voici est libertin et rebelle, n'obéit pas à notre voix, s'adonne à la débauche et à l'ivrognerie."

21 Alors, tous les habitants de cette ville le feront mourir à coups de pierres, et tu extirperas ainsi le vice de chez toi ; car tout Israël l'apprendra et sera saisi de crainte.

22 Quand un homme, convaincu d'un crime qui mérite la mort, aura été exécuté, et que tu l'auras attaché au gibet,

23 tu ne laisseras pas séjourner son cadavre sur le gibet, mais tu auras soin de l'enterrer le même jour, car un pendu est chose offensante pour Dieu, et tu ne dois pas souiller ton pays, que l'Éternel, ton Dieu, te donne en héritage.

CHAPITRE VINGT-DEUX

"Tu ne dois pas voir le bœuf ou la brebis de ton frère égarés et te dérober à eux : tu es tenu de les ramener à ton frère.

2 Que si ton frère n'est pas à ta portée, ou si tu ne connais pas le propriétaire, tu recueilleras l'animal dans ta maison, et il restera chez toi jusqu'à ce que ton frère le réclame ; alors tu le lui rendras.

3 Et tu agiras de même à l'égard de son âne, de même encore à l'égard de son manteau, de même enfin à l'égard de toute chose perdue par ton frère et que tu aurais trouvée : tu n'as pas le droit de t'abstenir.

4 Tu ne dois pas voir l'âne ou le bœuf de ton frère s'abattre sur la voie publique et te dérober à eux : tu es tenu de les relever avec lui.

5 Une femme ne doit pas porter le costume d'un homme, ni un homme s'habiller d'un vêtement de femme ; car l'Éternel, ton Dieu, a en horreur quiconque agit ainsi.

6 Si tu rencontres en ton chemin un nid d'oiseaux sur quelque arbre ou à terre, de jeunes oiseaux ou des œufs sur lesquels soit posée la mère, tu ne prendras pas la mère avec sa couvée :

7 tu es tenu de laisser envoler la mère, sauf à t'emparer des petits ; de la sorte, tu seras heureux et tu verras se prolonger tes jours.

8 Quand tu bâtiras une maison neuve, tu établiras un appui autour du toit, pour éviter que ta maison soit cause d'une mort, si quelqu'un venait à en tomber.

9 N'ensemence pas ton vignoble de graines hétérogènes, si tu ne veux frapper d'interdit la production entière : le grain que tu auras semé et le produit du vignoble.

10 Ne laboure pas avec un bœuf et un âne attelés ensemble,

11 Ne t'habille pas d'une étoffe mixte, mélangée de laine et de lin.

12 Tu te feras des cordons en franges aux quatre coins du vêtement dont tu te couvres.

13 Si un homme, ayant épousé une femme et cohabité avec elle, la prend en haine,

14 invente contre elle des prétextes d'accusation et répand sur son compte un bruit calomnieux, en disant : "Cette femme, je l'ai épousée ; et en m'approchant d'elle, je ne l'ai point trouvée vierge",

15 le père et la mère de la jeune femme se nantiront des preuves de sa virginité, qu'ils produiront devant les anciens de la ville, au tribunal.

16 Et le père de la jeune femme dira aux anciens : "J'avais donné ma fille pour épouse à cet homme, et il l'a prise en haine ;

17 et maintenant il invente des prétextes d'accusation, disant : "Je n'ai pas trouvé chez ta fille le signe de la virginité."

Or, voici la preuve de la virginité de ma fille !" Et ils déploieront le drap devant les anciens de la ville.

18 Alors, les anciens de cette même ville se saisiront de l'homme et le châtieront ;

19 et ils le condamneront à payer cent sicles d'argent, qu'ils remettront au père de la jeune femme, parce qu'il a émis un bruit calomnieux sur une vierge d'Israël ; de plus, elle restera sa femme, il ne pourra la répudier de sa vie.

20 Mais si cette accusation était vraie, si la jeune femme n'a pas été trouvée vierge,

21 on la conduira à l'entrée de la maison de son père, et les gens de sa ville la lapideront jusqu'à ce que mort s'ensuive, pour avoir commis une infamie en Israël en se prostituant dans la maison paternelle. Et tu extirperas ainsi le mal du milieu de toi.

22 Si un homme est surpris ayant commerce avec une femme mariée, ils mourront tous deux également, l'homme qui a eu commerce avec la femme, ainsi que cette dernière. Et tu feras disparaître ce mal en Israël.

23 Si une fille vierge est fiancée à quelqu'un, et qu'un homme, la rencontrant dans la ville, cohabite avec elle,

24 vous les conduirez tous deux à la porte de cette même ville et les ferez mourir par lapidation : la jeune fille, par la raison qu'elle n'a pas crié à l'aide, étant en pleine ville ; et l'homme, par la raison qu'il a abusé de la femme d'autrui. Et tu extirperas le mal du milieu de toi.

25 Mais si c'est dans les champs que l'individu a rencontré la jeune fiancée, s'il lui a fait violence en cohabitant avec elle, cet homme qui a cohabité avec elle mourra seul ;

26 et à la jeune fille tu ne feras rien : elle n'a rien commis qui

mérite la mort. Car, comme si un homme se jetait sur un autre et le tuait traîtreusement, ainsi s'est passée la chose.

27 En effet, c'est dans la campagne qui l'a rencontrée ; la jeune fille aura crié, mais personne n'a pu la secourir.

28 Si un homme, rencontrant une fille vierge non fiancée, la surprend et abuse d'elle et qu'ils soient pris sur le fait,

29 l'homme qui a eu commerce avec elle donnera au père de la jeune fille cinquante sicles d'argent, et elle deviendra sa femme, parce qu'il l'a violée ; il ne pourra la répudier de sa vie.

CHAPITRE VINGT-TROIS

"On ne doit pas épouser la femme de son père, et découvrir ainsi la couche paternelle.

2 Celui qui a les génitoires écrasés ou mutilés ne sera pas admis dans l'assemblée du Seigneur.

3 L'enfant illégitime ne sera pas admis dans l'assemblée du Seigneur ; sa dixième génération même ne pourra pas y être admise.

4 Un Ammonite ni un Moabite ne seront admis dans l'assemblée du Seigneur ; même après la dixième génération ils seront exclus de l'assemblée du Seigneur, à perpétuité,

5 parce qu'ils ne vous ont pas offert le pain et l'eau à votre passage, au sortir de l'Égypte, et de plus, parce qu'il a stipendié contre toi Balaam, fils de Beor, de Pethor en Mésopotamie, pour te maudire.

6 Mais l'Éternel, ton Dieu, n'a pas voulu écouter Balaam, et l'Éternel, ton Dieu, a transformé pour toi l'imprécation en bénédiction ; car il a de l'affection pour toi, l'Éternel, ton Dieu !

7 Ne t'intéresse donc jamais à leur bien-être et à leur prospérité, tant que tu vivras.

8 N'aie pas en horreur l'Iduméen, car il est ton frère ; n'aie pas en horreur l'Égyptien, car tu as séjourné dans son pays.

9 Les enfants qui naîtront d'eux, dès la troisième génération, pourront être admis dans l'assemblée du Seigneur.

10 Quand tu marcheras en corps d'armée contre tes ennemis, tu devras te garder de toute action mauvaise.

11 S'il se trouve dans tes rangs un homme qui ne soit pas pur, par suite d'un accident nocturne, il se retirera du camp, où il ne rentrera pas.

12 Aux approches du soir, il se baignera dans l'eau, et, une fois le soleil couché, il rentrera dans le camp.

13 Tu réserveras un endroit en dehors du camp, où tu puisses aller à l'écart ;

14 tu auras aussi une bêchette dans ton équipement, et quand tu iras t'asseoir à l'écart, tu creuseras la terre avec cet instrument et tu en recouvriras tes déjections.

15 Car l'Éternel, ton Dieu, marche au centre de ton camp pour te protéger et pour te livrer tes ennemis : ton camp doit donc être saint. Il ne faut pas que Dieu voie chez toi une chose déshonnête, car il se retirerait d'avec toi.

16 Ne livre pas un esclave à son maître, s'il vient se réfugier de chez son maître auprès de toi.

17 Laisse-le demeurer chez toi, dans ton pays, en tel lieu qu'il lui plaira, dans telle de tes villes où il se trouvera bien ; ne le moleste point.

18 Il ne doit pas y avoir une prostituée parmi les filles d'Israël, ni un prostitué parmi les fils d'Israël.

19 Tu n'apporteras point dans la maison de l'Éternel, ton

Dieu, comme offrande votive d'aucune sorte, le salaire d'une courtisane ni la chose reçue en échange d'un chien, car l'un et l'autre sont en horreur à l'Éternel, ton Dieu.

20 N'exige point d'intérêts de ton frère, ni intérêts pour argent, ni intérêts pour denrées ou pour toute chose susceptible d'accroissement.

21 A l'étranger tu peux prêter à intérêt, tu ne le dois pas à l'égard de ton frère, si tu veux que l'Éternel, ton Dieu, bénisse tes divers travaux dans le pays où tu vas entrer pour en prendre possession.

22 Quand tu auras fait un vœu à l'Éternel, ton Dieu, ne tarde point à l'accomplir ; autrement, l'Éternel, ton Dieu, ne manquerait pas de t'en demander compte, et tu aurais à répondre d'un péché.

23 Si d'ailleurs tu t'abstiens de faire des vœux, tu ne seras pas répréhensible.

24 Mais la parole sortie de tes lèvres, tu dois l'exécuter religieusement, une fois que tu auras voué à l'Éternel, ton Dieu, une offrande volontaire, promise par ta propre bouche.

25 Quand tu entreras dans la vigne de ton prochain, tu pourras manger des raisins à ton appétit, jusqu'à t'en rassasier ; mais tu n'en mettras point dans ton panier.

26 Quand tu entreras dans les blés de ton prochain, tu pourras, avec la main, arracher des épis ; mais tu ne porteras point la faucille sur les blés de ton prochain.

CHAPITRE VINGT-QUATRE

"Quand un homme aura pris une femme et cohabité avec elle ; si elle cesse de lui plaire, parce qu'il aura remarqué en elle quelque chose de malséant, il lui écrira un libelle de divorce, le lui mettra en main et la renverra de chez lui.

2 Si, sortie de la maison conjugale, elle se remarie et devient l'épouse d'un autre homme,

3 et que ce dernier, l'ayant prise en aversion, lui écrive un libelle de divorce, le lui mette en main et la renvoie de chez lui ; ou que ce même homme, qui l'a épousée en dernier lieu, vienne à mourir,

4 son premier mari, qui l'a répudiée, ne peut la reprendre une fois qu'elle s'est laissée souiller, car ce serait une abomination devant le Seigneur : or, tu ne dois pas déshonorer le pays que le Seigneur, ton Dieu, te donne en héritage.

5 Si quelqu'un a pris nouvellement femme, il sera dispensé de se rendre à l'armée, et on ne lui imposera aucune corvée : il

pourra vaquer librement à son intérieur pendant un an, et rendre heureuse la femme qu'il a épousée.

6 On ne doit pas saisir comme gage une meule inférieure ni une meule courante, car ce serait prendre la vie même en gage.

7 Si un homme est convaincu d'avoir enlevé quelqu'un de ses frères, un des enfants d'Israël, et de l'avoir traité comme esclave ou vendu, ce ravisseur doit mourir ; et tu extirperas ainsi le mal du milieu de toi

8 Observe avec un soin extrême et exécute les prescriptions relatives à la lèpre : tout ce que les pontifes, descendants de Lévi, vous enseigneront d'après ce que je leur ai prescrit, vous vous appliquerez à le faire.

9 Souviens-toi de ce que l'Éternel, ton Dieu, a fait à Miryam, pendant votre voyage au sortir de l'Égypte.

10 Si tu as fait à ton prochain un prêt quelconque, n'entre point dans sa maison pour te nantir de son gage.

11 Tu dois attendre dehors, et celui dont tu es le créancier t'apportera le gage hors de chez lui.

12 Et si c'est un pauvre, tu ne dois pas te coucher nanti de son gage :

13 tu es tenu de le lui rendre au coucher du soleil, pour qu'il puisse reposer sous sa couverture et qu'il te bénisse ; et cela te sera compté comme une bonne œuvre par l'Éternel, ton Dieu.

14 Ne cause point de tort au journalier pauvre et nécessiteux, que ce soit un de tes frères ou un des étrangers qui sont dans ton pays, dans l'une de tes villes.

15 Le jour même, tu lui remettras son salaire, avant que le soleil se couche ; car il est pauvre, et il attend son salaire avec anxiété. Crains qu'il n'implore contre toi le Seigneur, et que tu ne sois trouvé coupable.

16 Les pères ne doivent pas être mis à mort pour les enfants, ni les enfants pour les pères : on ne sera mis à mort que pour son propre méfait.

17 Ne fausse pas le droit de l'étranger ni celui de l'orphelin, et ne saisis pas comme gage le vêtement de la veuve.

18 Rappelle-toi que tu as été esclave en Égypte et que l'Éternel, ton Dieu, t'en a affranchi ; c'est pour cela que je t'ordonne d'agir de la sorte.

19 Quand tu feras la moisson de ton champ, si tu as oublié dans ce champ une javelle, ne retourne pas la prendre, mais qu'elle reste pour l'étranger, l'orphelin ou la veuve, afin que l'Éternel, ton Dieu, te bénisse dans toutes les œuvres de tes mains.

20 Quand tu gauleras ton olivier, n'y glane pas après coup ; ce sera pour l'étranger, l'orphelin et la veuve.

21 Quand tu vendangeras ta vigne, n'y grappille pas après coup ; ce sera pour l'étranger, pour l'orphelin, pour la veuve.

22 Et tu te souviendras que tu as été esclave au pays d'Égypte : c'est pourquoi je t'ordonne de tenir cette conduite.

CHAPITRE VINGT-CINQ

"Si un débat s'élève entre des individus, ils se présenteront devant le tribunal et on les jugera ; on déclarera innocent l'innocent, et coupable celui qui a tort.

2 Or, si le coupable a mérité la flagellation, le juge le fera coucher par terre et battre, en sa présence, d'un nombre de coups proportionné à son délit.

3 Il lui en infligera quarante, sans plus ; autrement, en dépassant ce nombre, on lui infligerait trop de coups, et ton frère serait avili à tes yeux.

4 Ne muselle point le bœuf pendant qu'il foule le grain.

5 Si des frères demeurent ensemble et que l'un d'eux vienne à mourir sans postérité, la veuve ne pourra se marier au dehors à un étranger ; c'est son beau-frère qui doit s'unir à elle. Il la prendra donc pour femme, exerçant le lévirat à son égard.

6 Et le premier fils qu'elle enfantera sera désigné par le nom du frère mort, afin que ce nom ne périsse pas en Israël.

7 Que s'il déplaît à l'homme d'épouser sa belle-sœur, celle-ci montera au tribunal, par-devant les anciens, et dira : "Mon beau-frère refuse de relever en Israël le nom de son frère, il ne veut pas m'accorder le lévirat."

8 Alors les anciens de sa ville le manderont et l'interpelleront ; et lui, debout, dira : "Il ne me plaît point de l'épouser."

9 Et sa belle-sœur s'avancera vers lui à la vue des anciens, lui ôtera sa chaussure du pied, crachera devant lui et dira à haute voix : "Ainsi est traité l'homme qui ne veut pas édifier la maison de son frère !"

10 Et la sienne sera surnommée, en Israël, la maison du déchaussé.

11 Si des individus ont une rixe ensemble, un homme avec un autre, et que la femme de l'un, intervenant pour soustraire son mari à celui qui le frappe, porte la main sur ce dernier et le saisisse par les parties honteuses,

12 tu lui couperas le poing sans lui accorder aucune pitié.

13 N'aie point dans ta bourse deux poids inégaux, un grand et un petit.

14 N'aie point dans ta maison deux mesures inégales, une grande et une petite.

15 Des poids exacts et loyaux, des mesures exactes et loyales, doivent seuls être en ta possession, si tu veux avoir une longue existence dans le pays que l'Éternel, ton Dieu, te donne.

16 Car l'Éternel, ton Dieu, a en horreur quiconque agit ainsi, quiconque fait une chose déloyale.

17 Souviens-toi de ce que t'a fait Amalec, lors de votre voyage, au sortir de l'Égypte ;

18 comme il t'a surpris chemin faisant, et s'est jeté sur tous

tes traînards par derrière. Tu étais alors fatigué, à bout de forces, et lui ne craignait pas Dieu.

19 Aussi, lorsque l'Éternel, ton Dieu, t'aura débarrassé de tous tes ennemis d'alentour, dans le pays qu'il te donne en héritage pour le posséder, tu effaceras la mémoire d'Amalec de dessous le ciel : ne l'oublie point.

CHAPITRE VINGT-SIX

"Quand tu seras arrivé dans le pays que l'Éternel, ton Dieu, te donne en héritage, quand tu en auras pris possession et y seras établi,

2 tu prendras des prémices de tous les fruits de la terre, récoltés par toi dans le pays que l'Éternel, ton Dieu, t'aura donné, et tu les mettras dans une corbeille ; et tu te rendras à l'endroit que l'Éternel, ton Dieu, aura choisi pour y faire régner son nom.

3 Tu te présenteras au pontife qui sera alors en fonction, et lui diras : "Je viens reconnaître en ce jour, devant l'Éternel, ton Dieu, que je suis installé dans le pays que l'Éternel avait juré à nos pères de nous donner."

4 Alors le pontife recevra la corbeille de ta main, et la déposera devant l'autel de l'Éternel, ton Dieu.

5 Et tu diras à haute voix devant l'Éternel, ton Dieu : "Enfant d'Aram, mon père était errant, il descendit en Égypte, y vécut

étranger, peu nombreux d'abord, puis y devint une nation considérable, puissante et nombreuse.

6 Alors les Égyptiens nous traitèrent iniquement, nous opprimèrent, nous imposèrent un dur servage.

7 Nous implorâmes l'Éternel, Dieu de nos pères ; et l'Éternel entendit notre plainte, il considéra notre misère, notre labeur et notre détresse,

8 et il nous fit sortir de l'Égypte avec une main puissante et un bras étendu, en imprimant la terreur, en opérant signes et prodiges ;

9 et il nous introduisit dans cette contrée, et il nous fit présent de cette terre, une terre où ruissellent le lait et le miel.

10 Or, maintenant j'apporte en hommage les premiers fruits de cette terre dont tu m'as fait présent, Seigneur !" Tu les déposeras alors devant l'Éternel, ton Dieu, et tu te prosterneras devant lui.

11 Et tu te réjouiras pour tous les biens que l'Éternel, ton Dieu, aura donnés à toi et à ta famille, et avec toi se réjouiront le Lévite et l'étranger qui est dans ton pays.

12 Quand tu auras achevé de prélever les diverses dîmes de ton revenu, dans la troisième année, année de la dîme ; quand tu auras donné leur dû au Lévite, à l'étranger, à l'orphelin et à la veuve, afin qu'ils aient à manger dans tes villes et se rassasient,

13 tu feras cette déclaration devant l'Éternel, ton Dieu : "J'ai fait disparaître de chez moi les choses saintes, et je les ai attribuées au Lévite, à l'étranger, à l'orphelin et à la veuve, exactement selon l'ordre que tu m'as donné ; je n'ai transgressé ni omis aucun de tes préceptes.

14 De ces choses saintes je n'ai rien consommé pendant mon deuil, rien prélevé en état d'impureté, rien employé en l'honneur

d'un mort : docile à la voix de l'Éternel, mon Dieu, je me suis entièrement conformé à tes prescriptions.

15 Jette un regard du haut des cieux, ta sainte demeure, et bénis ton peuple Israël et la terre que tu nous as donnée, comme tu l'as juré à nos pères, ce pays ruisselant de lait et de miel !"

16 En ce jour, l'Éternel, ton Dieu, te recommande d'exécuter ces diverses lois et ces statuts ; tu t'appliqueras donc à les observer de tout ton cœur et de toute ton âme.

17 Tu as glorifié aujourd'hui l'Éternel, en promettant de l'adopter pour ton Dieu, de marcher dans ses voies, d'observer ses lois, ses préceptes, ses statuts, et d'écouter sa parole ;

18 et l'Éternel t'a glorifié à son tour en te conviant à être son peuple privilégié, comme il te l'a annoncé, et à garder tous ses commandements.

19 Il veut que tu deviennes la première de toutes les nations qu'il a faites, en gloire, en renommée et en dignité ; que tu sois un peuple consacré à l'Éternel, ton Dieu, comme il l'a déclaré."

CHAPITRE VINGT-SEPT

Moïse, avec les anciens d'Israël, exhorta le peuple en ces termes : "Observez toute la loi que je vous impose en ce jour.

2 Et quand vous serez arrivés au delà du Jourdain, dans le pays que l'Éternel, ton Dieu, t'accorde, tu érigeras pour toi de grandes pierres, que tu enduiras de chaux ;

3 et tu y écriras toutes les paroles de cette doctrine dès que tu auras passé, pour mériter d'entrer dans le pays que l'Éternel, ton Dieu, te destine, pays ruisselant de lait et de miel, comme te l'a promis le Seigneur, le Dieu de tes pères.

4 Donc, après avoir passé le Jourdain, vous érigerez ces pierres, comme je vous l'ordonne aujourd'hui, sur le mont Hébal, et tu les enduiras de chaux.

5 Tu bâtiras au même endroit un autel destiné à l'Éternel, ton Dieu, un autel fait de pierres que le fer n'aura point touchées.

6 C'est en pierres intactes que tu bâtiras l'autel de l'Éternel, ton Dieu : là tu offriras des holocaustes en son honneur ;

7 tu y feras des sacrifices rémunératoires et tu les y consommeras, et tu te réjouiras en présence de l'Éternel, ton Dieu.

8 Et tu écriras sur les pierres tout le contenu de cette doctrine, très distinctement."

9 Moïse, assisté des pontifes descendants de Lévi, parla ainsi à tout Israël : "Fais silence et écoute, ô Israël ! En ce jour, tu es devenu le peuple de l'Éternel, ton Dieu.

10 Tu obéiras donc à la voix de l'Éternel, ton Dieu, et tu exécuteras ses préceptes et ses lois, que je t'impose aujourd'hui."

11 Et Moïse donna au peuple, ce même jour, l'ordre suivant :

12 "Voici quelles tribus prendront position sur le mont Garizim, pour la bénédiction à donner au peuple, quand vous aurez passé le Jourdain : Siméon, Lévi et Juda ; Issachar, Joseph et Benjamin.

13 Et les suivantes se placeront, pour la malédiction, sur le mont Hébal : Ruben, Gad et Asher ; Zabulon, Dan et Nephtali.

14 Les Lévites prendront la parole et diront à haute voix, s'adressant à tout homme en Israël :

15 "Maudit soit l'homme qui ferait une image taillée ou jetée en fonte, objet d'abomination pour l'Éternel, ouvrage de l'art humain, et qui l'érigerait en un lieu secret !" Sur quoi le peuple entier répondra : Amen !

16 "Maudit soit qui traite avec mépris son père ou sa mère !" Et tout le peuple dira : Amen !

17 "Maudit, celui qui déplace la borne de son voisin !" Et tout le peuple dira : Amen !

18 "Maudit, celui qui égare l'aveugle en son chemin !" Et tout le peuple dira : Amen !

19 "Maudit, celui qui fausse le droit de l'étranger, de l'orphelin ou de la veuve !" Et tout le peuple dira : Amen !

20 "Maudit, celui qui a commerce avec la femme de son père, découvrant ainsi la couche paternelle !" Et tout le peuple dira : Amen !

21 "Maudit, qui s'accouple avec quelque animal !" Et tout le peuple dira : Amen !

22 "Maudit, qui cohabite avec sa sœur, fille de son père ou fille de sa mère !" Et tout le peuple dira : Amen !

23 "Maudit, qui cohabite avec sa belle-mère !" Et tout le peuple dira : Amen !

24 "Maudit, qui frappe son prochain dans l'ombre !" Et tout le peuple dira : Amen !

25 "Maudit, qui se laisse corrompre pour immoler une vie innocente !" Et tout le peuple dira : Amen !

26 "Maudit soit quiconque ne respecterait point les paroles de la présente doctrine et négligerait de les mettre en pratique !" Et tout le peuple dira : Amen !

CHAPITRE VINGT-HUIT

"Or, si tu obéis à la voix de l'Éternel, ton Dieu, observant avec soin tous ses préceptes, que je t'impose en ce jour, l'Éternel, ton Dieu, te fera devenir le premier de tous les peuples de la terre ;

2 et toutes les bénédictions suivantes se réaliseront pour toi et resteront ton partage, tant que tu obéiras à la voix de l'Éternel, ton Dieu :

3 tu seras béni dans la ville, et béni dans les champs.

4 Béni sera le fruit de tes entrailles, et le fruit de ton sol, et celui de ton bétail : la progéniture de tes taureaux, la portée de tes brebis.

5 Bénies seront ta corbeille et ta huche.

6 Béni seras-tu à ton arrivée, et béni encore à ton départ !

7 L'Éternel fera succomber devant toi les ennemis qui te menaceraient : s'ils marchent contre toi par un chemin, ils fuiront devant toi par sept.

8 L'Éternel fixera chez toi la bénédiction, dans tes celliers,

dans tous tes biens ; il te rendra heureux dans ce pays que l'Éternel, ton Dieu, te destine.

9 L'Éternel te maintiendra comme sa nation sainte, ainsi qu'il te l'a juré, tant que tu garderas les commandements de l'Éternel, ton Dieu, et que tu marcheras dans ses voies.

10 Et tous les peuples de la terre verront que le nom de l'Éternel est associé au tien, et ils te redouteront.

11 Et l'Éternel te rendra supérieur à tous en félicité, par le fruit de tes entrailles, celui de ton bétail et celui de ton sol, sur la terre qu'il a juré à tes aïeux de te donner.

12 L'Éternel ouvrira pour toi son bienfaisant trésor, le ciel, pour dispenser à ton sol des pluies opportunes et faire prospérer tout le labeur de ta main ; et tu pourras prêter à maintes nations, mais tu n'emprunteras point.

13 L'Éternel te fera tenir le premier rang, et non point le dernier ; tu seras constamment au faîte, sans jamais déchoir, pourvu que tu obéisses aux lois de l'Éternel, ton Dieu, que je t'impose en ce jour, en les exécutant ponctuellement,

14 et que tu ne dévies pas, à droite ni à gauche, de tout ce que je vous ordonne aujourd'hui, pour suivre et adorer des divinités étrangères.

15 Mais si tu n'écoutes pas la voix de l'Éternel, ton Dieu : si tu n'as pas soin d'observer tous ses préceptes et ses lois que je te recommande en ce jour, toutes ces malédictions se réaliseront contre toi et seront ton partage :

16 tu seras maudit dans la ville, et maudit dans les champs.

17 Maudites seront ta corbeille et ta huche.

18 Maudits seront le fruit de tes entrailles et le fruit de ton sol, la progéniture de tes taureaux et les portées de tes brebis.

19 Maudit seras-tu à ton arrivée, et maudit encore à ton

départ !

20 L'Éternel suscitera chez toi le malheur, le désordre et la ruine, dans toute opération où tu mettras la main ; tellement que tu seras bientôt anéanti et perdu, pour prix de tes méfaits, pour avoir renoncé à moi.

21 L'Éternel attachera à tes flancs la peste, jusqu'à ce qu'elle t'ait consumé de dessus la terre où tu vas entrer pour en prendre possession.

22 L'Éternel te frappera de consomption, de fièvre chaude, d'inflammations de toute nature, de marasme et de jaunisse, qui te poursuivront jusqu'à ce que tu succombes.

23 Ton ciel, qui s'étend sur ta tête, sera d'airain, et la terre sous tes pieds sera de fer.

24 L'Éternel transformera la pluie de ton pays en poussière et en sable, qui descendront sur toi du haut du ciel jusqu'à ce que tu périsses.

25 L'Éternel te fera écraser par tes ennemis : si tu marches contre eux par un chemin, par sept chemins tu fuiras devant eux ; et tu seras un objet de stupéfaction pour tous les royaumes de la terre.

26 Et ta dépouille servira de pâture aux oiseaux du ciel et aux animaux de la terre, et nul ne les troublera.

27 Le Seigneur t'affligera de l'éruption égyptienne, d'hémorroïdes, de gale sèche et humide, dont tu ne pourras guérir.

28 Le Seigneur te frappera de vertige et de cécité, et de perturbation morale ;

29 et tu iras tâtonnant en plein midi comme fait l'aveugle dans les ténèbres, tu ne mèneras pas à bonne fin tes entreprises, tu seras opprimé et spolié incessamment, sans trouver un défenseur.

30 Tu fianceras une femme, et un autre la possédera ; tu bâtiras une maison, et tu ne t'y installeras point ; tu planteras une vigne, et tu n'en auras point la primeur.

31 Ton bœuf sera égorgé sous tes yeux, et tu ne mangeras pas de sa chair ; ton âne sera enlevé, toi présent, et ne te sera pas rendu ; tes brebis tomberont au pouvoir de tes ennemis, et nul ne prendra parti pour toi.

32 Tes fils et tes filles seront livrés à un peuple étranger, et tes yeux le verront et se consumeront tout le temps à les attendre, mais ta main sera impuissante.

33 Le fruit de ton sol, tout ton labeur, sera dévoré par un peuple à toi inconnu ; tu seras en butte à une oppression, à une tyrannie de tous les jours,

34 et tu tomberas en démence, au spectacle que verront tes yeux.

35 Le Seigneur te frappera d'une éruption maligne sur les genoux, sur les cuisses, d'une éruption incurable, qui gagnera depuis la plante du pied jusqu'au sommet de la tête.

36 Le Seigneur te fera passer, toi et le roi que tu te seras donné, chez une nation que tu n'auras jamais connue, toi ni tes pères ; là, tu serviras des dieux étrangers, du bois et de la pierre !

37 Et tu deviendras l'étonnement, puis la fable et la risée de tous les peuples chez lesquels te conduira le Seigneur.

38 Tu auras confié à ton champ de nombreuses semences ; mince sera ta récolte, car la sauterelle la dévorera.

39 Tu planteras des vignes et les cultiveras ; mais tu n'en boiras pas le vin et tu ne l'encaveras point, car elles seront rongées par la chenille.

40 Tu posséderas des oliviers sur tout ton territoire ; mais tu ne te parfumeras pas de leur huile, car tes oliviers couleront.

41 Tu engendreras des fils et des filles et ils ne seront pas à toi, car ils s'en iront en captivité.

42 Tous tes arbres et les produits de ton sol, la courtilière les dévastera.

43 L'étranger qui sera chez toi s'élèvera de plus en plus au-dessus de toi, et toi tu descendras de plus en plus.

44 C'est lui qui te prêtera, loin que tu puisses lui prêter ; lui, il occupera le premier rang, toi, tu seras au dernier.

45 Et toutes ces malédictions doivent se réaliser sur toi, te poursuivre et t'atteindre jusqu'à ta ruine, parce que tu n'auras pas obéi à la voix de l'Éternel, ton Dieu, en gardant les préceptes et les lois qu'il t'a imposés.

46 Elles s'attacheront, comme un stigmate miraculeux, à toi et à ta postérité, indéfiniment.

47 Et parce que tu n'auras pas servi l'Éternel, ton Dieu, avec joie et contentement de cœur, au sein de l'abondance,

48 tu serviras tes ennemis, suscités contre toi par l'Éternel, en proie à la faim, à la soif, au dénuement, à une pénurie absolue ; et ils te mettront sur le cou un joug de fer, jusqu'à ce qu'ils t'aient anéanti.

49 Le Seigneur lancera sur toi une nation lointaine, venue des confins de la terre, rapide comme l'aigle en son vol ; nation dont tu n'entendras point la langue,

50 nation inexorable, qui n'aura point de respect pour le vieillard, point de merci pour l'adolescent !

51 Elle se repaîtra du fruit de ton bétail et du fruit de ton sol, jusqu'à ce que tu succombes ; elle enlèvera, sans t'en rien laisser, le blé, le vin et l'huile, les produits de tes taureaux et de tes fécondes brebis, jusqu'à ta ruine entière.

52 Elle mettra le siège devant toutes tes portes, jusqu'à ce

que tombent, dans tout ton pays, ces murailles si hautes et si fortes en qui tu mets ta confiance ; oui, elle t'assiégera dans toutes tes villes, dans tout ce pays que l'Éternel, ton Dieu, t'aura donné.

53 Et tu dévoreras le fruit de tes entrailles, la chair de tes fils et de tes filles, ces présents de l'Éternel, ton Dieu, par suite du siège et de la détresse où t'étreindra ton ennemi.

54 L'homme le plus délicat parmi vous et le plus voluptueux verra d'un œil hostile son frère, sa compagne et le reste d'enfants qu'il aura encore,

55 ne voulant donner à aucun d'eux de la chair de ses enfants, qu'il mangera faute d'autres ressources ; tellement tu seras assiégé et cerné par ton ennemi dans toutes tes villes.

56 La plus sensible parmi vous et la plus délicate, si délicate et si sensible qu'elle n'aurait jamais risqué de poser la plante de son pied sur la terre, verra d'un œil hostile l'homme qu'elle serrait dans ses bras, et son fils et sa fille,

57 jusqu'au nouveau-né sorti de ses flancs, jusqu'aux jeunes enfants dont elle est la mère, car, dénuée de tout, elle se cachera pour les dévorer ! Telle sera la détresse où te réduira ton ennemi, t'assiégeant dans tes murs.

58 Oui, si tu n'as soin d'observer toutes les paroles de cette doctrine, écrites dans ce livre ; de révérer ce nom auguste et redoutable : l'ETERNEL, ton Dieu,

59 l'Éternel donnera une gravité insigne à tes plaies et à celles de ta postérité : plaies intenses et tenaces, maladies cruelles et persistantes.

60 Il déchaînera sur toi tous les fléaux de l'Égypte, objets de ta terreur, et ils seront chez toi en permanence.

61 Bien d'autres maladies encore, bien d'autres plaies non

consignées dans le livre de cette doctrine, le Seigneur les fera surgir contre toi, jusqu'à ce que tu sois exterminé.

62 Et vous serez réduits à une poignée d'hommes, après avoir égalé en multitude les étoiles du ciel, parce que tu auras été sourd à la voix de l'Éternel, ton Dieu.

63 Alors, autant le Seigneur s'était plu à vous combler de ses bienfaits et à vous multiplier, autant il se plaira à consommer votre perte, à vous anéantir ; et vous serez arrachés de ce sol dont vous allez prendre possession.

64 Et l'Éternel te dispersera parmi tous les peuples, d'une extrémité de la terre à l'autre ; et là tu serviras des dieux étrangers, jadis inconnus à toi comme à tes pères, faits de bois et de pierre.

65 Et parmi ces nations mêmes tu ne trouveras pas de repos, pas un point d'appui pour la plante de ton pied ; là, le Seigneur te donnera un cœur effaré, mettra la défaillance dans tes yeux, l'angoisse dans ton âme,

66 et ton existence flottera incertaine devant toi, et tu trembleras nuit et jour, et tu ne croiras pas à ta propre vie !

67 Tu diras chaque matin : "Fût-ce encore hier soir !" Chaque soir tu diras :"Fût-ce encore ce matin !" Si horribles seront les transes de ton cœur et le spectacle qui frappera tes yeux.

68 Et le Seigneur te fera reprendre, sur des navires, la route de l'Égypte, cette route où je t'avais dit que tu ne repasserais plus ; et là vous vous offrirez en vente à vos ennemis comme esclaves et servantes, mais personne ne voudra vous acheter !"

69 Ce sont là les termes du pacte que l'Éternel ordonna à Moïse d'établir avec les enfants d'Israël dans le pays de Moab, indépendamment du pacte qu'il avait conclu avec eux au Horeb.

CHAPITRE VINGT-NEUF

Moïse fit appel à tout Israël, et leur dit : "Vous-mêmes, vous avez vu tout ce que l'Éternel a fait à vos yeux, dans le pays d'Égypte, à Pharaon, à tous ses serviteurs, à son pays entier ;

2 ces grandes épreuves dont tes yeux furent témoins, ces signes et ces prodiges extraordinaires.

3 Et jusqu'à ce jour, le Seigneur ne vous a pas encore donné un cœur pour sentir, des yeux pour voir, ni des oreilles pour entendre !

4 Je vous ai fait marcher quarante ans dans le désert, vos vêtements ne se sont point usés sur vous, ni la chaussure de vos pieds ne s'est usée.

5 Du pain, vous n'en avez pas mangé ; du vin ou autre boisson forte, vous n'en avez pas bu, afin que vous apprissiez que c'est moi, l'Éternel, qui suis votre Dieu !

6 Vous êtes ainsi parvenus jusqu'à cette contrée. Là, Sihôn,

roi de Hesbon, et Og, roi du Basan, ont marché à notre rencontre pour nous livrer bataille, et nous les avons battus.

7 Puis, nous avons pris leur pays et l'avons donné, comme possession héréditaire, à la tribu de Ruben, à celle de Gad et à la demi-tribu de Manassé.

8 Observez donc les termes de cette alliance et mettez-les en pratique, si vous voulez réussir dans toutes vos œuvres.

9 Vous êtes placés aujourd'hui, vous tous, en présence de l'Éternel, votre Dieu : vos chefs de tribus, vos anciens, vos préposés, chaque citoyen d'Israël ;

10 vos enfants, vos femmes et l'étranger qui est dans tes camps, depuis le fendeur de bois jusqu'au puiseur d'eau,

11 afin d'entrer dans l'alliance de l'Éternel, ton Dieu, et dans son pacte solennel, par lesquels il traite avec toi en ce jour,

12 voulant te constituer aujourd'hui pour son peuple, et lui-même être ton Dieu, comme il te l'a déclaré, et comme il l'avait juré à tes pères Abraham, Isaac et Jacob.

13 Et ce n'est pas avec vous seuls que j'institue cette alliance et ce pacte ;

14 mais avec ceux qui sont aujourd'hui placés avec nous, en présence de l'Éternel, notre Dieu, et avec ceux qui ne sont pas ici, à côté de nous, en ce jour.

15 Car vous savez le séjour que nous avons fait au pays d'Égypte, et nos pérégrinations parmi les peuples où vous avez passé ;

16 vous avez vu leurs abominations et leurs immondes idoles, le bois et la pierre ; l'argent et l'or déifiés chez eux.

17 Or, il pourrait se trouver parmi vous un homme ou une femme, une famille, une tribu, dont l'esprit, infidèle aujourd'hui déjà à l'Éternel, notre Dieu, se déterminerait à servir les dieux de

ces nations ; il pourrait exister parmi vous quelque racine d'où naîtraient des fruits vénéneux et amers.

18 C'est-à-dire qu'après avoir entendu les termes de cette imprécation, cet homme se donnerait de l'assurance dans le secret de son cœur, en disant : "Je resterai heureux, tout en me livrant à la passion de mon cœur ;" et alors la passion assouvie entraînerait celle qui a soif.

19 L'Éternel ne consentira jamais à lui pardonner ! Oui, alors, la colère de l'Éternel et son indignation s'enflammeront contre cet homme, et toutes les malédictions consignées dans ce livre s'abattront sur lui, et le Seigneur effacera son nom de dessous le ciel.

20 Et il le distinguera, par le malheur, entre toutes les tribus d'Israël, en lui infligeant toutes les malédictions du pacte formulé dans ce livre de la doctrine.

21 Alors, quand les générations futures, vos descendants qui naîtront plus tard, et l'étranger venu d'une contrée lointaine, observeront les plaies de ce pays-là et les calamités dont le Seigneur l'aura affligé :

22 terre de soufre et de sel, partout calcinée, inculte et improductive, impuissante à faire pousser une herbe ; ruinée comme Sodome et Gomorrhe, Adma et Séboïm, que l'Éternel bouleversa dans sa colère et dans son courroux ;

23 et quand ils diront, tous ces peuples : "A quel propos l'Éternel a-t-il ainsi traité ce pays ? Pourquoi s'est allumée cette grande colère ?"

24 On répondra : "Parce qu'ils ont abandonné l'alliance de l'Éternel, Dieu de leurs pères, l'alliance qu'il avait contractée avec eux, après les avoir fait sortir du pays d'Égypte ;

25 parce qu'ils sont allés servir des divinités étrangères et se

prosterner devant elles, des divinités qu'ils ne connaissaient point et qu'ils n'avaient pas reçues en partage.

26 Alors la colère de l'Éternel s'est allumée contre ce pays-là, au point de diriger sur lui toutes les malédictions écrites dans ce livre ;

27 et l'Éternel les a arrachés de leur sol avec colère, animosité, indignation extrême, et il les a jetés sur une autre terre comme cela se voit aujourd'hui."

28 Les choses cachées appartiennent au Seigneur, notre Dieu ; mais les choses révélées importent à nous et à nos enfants jusqu'aux derniers âges, afin que nous mettions en pratique toutes les paroles de cette doctrine.

CHAPITRE TRENTE

" Or, quand te seront survenus tous ces événements, la bénédiction ou la malédiction que j'offre à ton choix ; si tu les prends à cœur au milieu de tous ces peuples où t'aura relégué l'Éternel, ton Dieu,

2 que tu retournes à l'Éternel, ton Dieu, et que tu obéisses à sa voix en tout ce que je te recommande aujourd'hui, toi et tes enfants, de tout ton cœur et de toute ton âme,

3 l'Éternel, ton Dieu, te prenant en pitié, mettra un terme à ton exil, et il te rassemblera du sein des peuples parmi lesquels il t'aura dispersé.

4 Tes proscrits, fussent-ils à l'extrémité des cieux, l'Éternel, ton Dieu, te rappellerait de là, et là même il irait te reprendre.

5 Et il te ramènera, l'Éternel, ton Dieu, dans le pays qu'auront possédé tes pères, et tu le posséderas à ton tour ; et il te rendra florissant et nombreux, plus que tes pères.

6 Et l'Éternel, ton Dieu, circoncira ton cœur et celui de ta

postérité, pour que tu aimes l'Éternel, ton Dieu, de tout ton cœur et de toute ton âme, et assures ton existence.

7 Et l'Éternel, ton Dieu, fera peser toutes ces malédictions-là sur tes ennemis, sur ceux dont la haine t'aura persécuté.

8 Tandis que toi, revenu au bien, tu seras docile à la voix du Seigneur, accomplissant tous ses commandements que je te prescris aujourd'hui.

9 Et le Seigneur, ton Dieu, te prodiguera des biens en favorisant tout le travail de ta main, le fruit de tes entrailles, le fruit de ton bétail, le fruit de ton sol ; car il se plaira de nouveau, le Seigneur, à te faire du bien, comme il s'y est plu pour tes ancêtres,

10 pourvu que tu écoutes la voix de l'Éternel, ton Dieu, en gardant ses préceptes et ses lois, tracés dans ce livre de la doctrine ; que tu reviennes à l'Éternel, ton Dieu, de tout ton cœur et de toute ton âme.

11 Car cette loi que je t'impose en ce jour, elle n'est ni trop ardue pour toi, ni placée trop loin.

12 Elle n'est pas dans le ciel, pour que tu dises : "Qui montera pour nous au ciel et nous l'ira quérir, et nous la fera entendre afin que nous l'observions ?"

13 Elle n'est pas non plus au delà de l'océan, pour que tu dises : "Qui traversera pour nous l'océan et nous l'ira quérir, et nous la fera entendre afin que nous l'observions ?"

14 Non, la chose est tout près de toi : tu l'as dans la bouche et dans le cœur, pour pouvoir l'observer !

15 Vois, je te propose en ce jour, d'un côté, la vie avec le bien, de l'autre, la mort avec le mal.

16 En faisant ce que je te recommande en ce jour : aimer l'Éternel, ton Dieu, marcher dans ses voies, garder ses préceptes,

ses lois et ses décrets, tu vivras, tu grandiras et tu seras béni de l'Éternel, ton Dieu, dans le pays où tu vas entrer pour le conquérir.

17 Mais si, m'aliénant ton cœur, tu deviens indocile ; si tu t'égares jusqu'à te prosterner devant des dieux étrangers et leur rendre un culte,

18 je vous le déclare aujourd'hui, vous périrez à coup sûr ! Vous n'aurez pas de longs jours sur cette terre où vous allez pénétrer, en passant le Jourdain, pour en faire la conquête !

19 J'en atteste sur vous, en ce jour, le ciel et la terre : j'ai placé devant toi la vie et la mort, le bonheur et la calamité ; choisis la vie ! Et tu vivras alors, toi et ta postérité.

20 Aime l'Éternel, ton Dieu, écoute sa voix, reste-lui fidèle : c'est là la condition de ta vie et de ta longévité, c'est ainsi que tu te maintiendras dans le pays que l'Éternel a juré à tes pères, Abraham, Isaac et Jacob, de leur donner."

CHAPITRE TRENTE-ET-UN

Moïse alla ensuite adresser les paroles suivantes à tout Israël,

2 leur disant : "J'ai cent vingt ans aujourd'hui, je ne peux plus vous servir de guide ; d'ailleurs, l'Éternel m'a dit : "Tu ne traverseras pas ce Jourdain."

3 L'Éternel, ton Dieu, marche lui-même devant toi ; c'est lui qui anéantira ces peuples devant toi pour que tu les dépossèdes. Josué sera ton guide, comme l'Éternel l'a déclaré.

4 Et le Seigneur les traitera comme il a traité Sihôn et Og, rois des Amorréens, et leur pays, qu'il a condamné à la ruine.

5 Il mettra ces peuples à votre merci ; et vous procéderez à leur égard, en tout, selon l'ordre que je vous ai donné.

6 Soyez forts et vaillants ! Ne vous laissez effrayer ni intimider par eux ! Car l'Éternel, ton Dieu, marche lui-même avec toi ; il ne te laissera pas succomber, il ne t'abandonnera point !"

7 Alors Moïse appela Josué, et lui dit en présence de tout Israël : "Sois fort et vaillant ! Car c'est toi qui entreras avec ce

peuple dans le pays que l'Éternel a juré à leurs pères de leur donner, et c'est toi qui leur en feras le partage.

8 L'Éternel lui-même marchera devant toi, lui-même sera à tes côtés, il ne te laissera fléchir ni ne t'abandonnera : sois donc sans peur et sans faiblesse !"

9 Moïse mit par écrit cette doctrine et la confia aux pontifes, descendants de Lévi, chargés de porter l'arche d'alliance du Seigneur, et à tous les anciens d'Israël.

10 Et Moïse leur ordonna ce qui suit : "A la fin de chaque septième année, à l'époque de l'année de relâche, lors de la fête des tentes,

11 alors que tout Israël vient comparaître devant l'Éternel, ton Dieu, dans l'endroit qu'il aura élu, tu feras lecture de cette doctrine en présence de tout Israël, qui écoutera attentivement.

12 Convoques-y le peuple entier, hommes, femmes et enfants, ainsi que l'étranger qui est dans tes murs, afin qu'ils entendent et s'instruisent, et révèrent l'Éternel, votre Dieu, et s'appliquent à pratiquer toutes les paroles de cette doctrine ;

13 et que leurs enfants, qui ne savent pas encore, entendent aussi, et qu'ils apprennent à révérer l'Éternel, votre Dieu, tant que vous vivrez sur le sol pour la possession duquel vous allez passer le Jourdain."

14 Le Seigneur dit à Moïse : "Voici que tes jours approchent de leur terme. Appelle Josué, et présentez-vous dans la tente d'assignation, pour que je lui donne mes ordres." Et Moïse alla, avec Josué, se placer dans la tente d'assignation.

15 Le Seigneur apparut dans la tente, par une colonne de nuée, et cette colonne de nuée s'arrêta à l'entrée de la tente.

16 Le Seigneur dit à Moïse : "Tandis que tu reposeras avec tes pères, ce peuple se laissera débaucher par les divinités du

pays barbare où il va pénétrer ; et il m'abandonnera, et il brisera l'alliance que j'ai conclue avec lui.

17 Ce jour-là, ma colère s'enflammera contre lui, je les abandonnerai, je leur déroberai ma face, et il deviendra la pâture de chacun, et nombre de maux et d'angoisses viendront l'assaillir. Alors il se dira : "En vérité, c'est parce que mon Dieu n'est plus au milieu de moi que je suis en butte à ces malheurs."

18 Mais alors même, je persisterai, moi, à dérober ma face, à cause du grave méfait qu'il aura commis en se tournant vers des dieux étrangers.

19 Et maintenant, écrivez pour vous ce cantique, qu'on l'enseigne aux enfants d'Israël et qu'on le mette dans leur bouche, afin que ce cantique me serve de témoignage à l'encontre des enfants d'Israël.

20 Quand j'aurai introduit ce peuple dans le pays que j'ai promis par serment à ses pères et où ruissellent le lait et le miel ; vivant dans l'abondance et gorgé de délices, il s'adressera à des dieux étrangers, il les servira, me témoignera du mépris et rompra mon alliance.

21 Vienne alors la multitude de maux et d'angoisses qui doivent l'atteindre, le présent cantique portera témoignage en face de lui (car la bouche de sa postérité ne l'oubliera point), parce que je sais ce qu'aujourd'hui déjà son penchant le porte à faire, avant même que je l'aie introduit dans la terre par moi promise !"

22 Et Moïse écrivit le cantique suivant, ce jour même, et le fit apprendre aux enfants d'Israël.

23 Et l'Éternel donna ses ordres à Josué, fils de Noun, et lui dit : "Sois ferme et courageux ! Car c'est toi qui introduiras les

Israélites dans la terre que je leur ai promise, et moi je t'assisterai."

24 Or, lorsque Moïse eut achevé de transcrire les paroles de cette loi sur un livre, jusqu'au bout,

25 il ordonna aux Lévites, porteurs de l'arche d'alliance du Seigneur, ce qui suit :

26 "Prenez ce livre de la loi et déposez-le à côté de l'arche d'alliance de l'Éternel, votre Dieu ; il y restera comme un témoin contre toi.

27 Car je connais ton indocilité et ton caractère obstiné : certes, si, moi vivant encore, étant avec vous à cette heure, vous vous êtes insurgés contre l'Éternel, que sera-ce après ma mort !

28 Faites réunir autour de moi tous les anciens de vos tribus et vos magistrats : je veux faire parvenir ces paroles à leurs oreilles, et prendre à témoin contre eux les cieux et la terre.

29 Car je sais qu'après ma mort vous irez dégénérant, et que vous dévierez du chemin que je vous ai prescrit ; mais il vous arrivera malheur dans la suite des temps, pour avoir fait ce qui déplaît au Seigneur, pour l'avoir offensé par l'œuvre de vos mains !"

30 Et Moïse fit entendre à toute l'assemblée d'Israël les paroles du cantique suivant, jusqu'à la fin :

CHAPITRE TRENTE-DEUX

"Écoutez, cieux, je vais parler ; et que la terre entende les paroles de ma bouche.

2 Que mon enseignement s'épande comme la pluie, que mon discours distille comme la rosée, comme la bruyante ondée sur les plantes, et comme les gouttes pressées sur le gazon !

3 Car c'est le nom de l'Éternel que je proclame ; rendez hommage à notre Dieu !

4 Lui, notre rocher, son œuvre est parfaite, toutes ses voies sont la justice même ; Dieu de vérité, jamais inique, constamment équitable et droit.

5 Est-ce lui qui a condamné ses enfants ? Non, c'est leur propre indignité, ô race perverse et tortueuse !

6 Est-ce ainsi que vous payez Dieu de retour, peuple insensé et peu sage ? N'est-il donc pas ton père, ton créateur ? N'est-ce pas lui qui t'a fait et qui t'a organisé ?

7 Souviens-toi des jours antiques, médite les annales de

chaque siècle ; interroge ton père, il te l'apprendra, tes vieillards, ils te le diront !

8 Quand le Souverain donna leurs lots aux nations, quand il sépara les enfants d'Adam, il fixa les limites des peuples d'après le nombre des enfants d'Israël.

9 Car ce peuple est la part du Seigneur ; Jacob est le lot de son héritage.

10 Il le rencontre dans une région déserte, dans les solitudes aux hurlements sauvages ; il le protège, il veille sur lui, le garde comme la prunelle de son œil.

11 Ainsi l'aigle veille sur son nid, plane sur ses jeunes aiglons, déploie ses ailes pour les recueillir, les porte sur ses pennes robustes.

12 Seul, l'Éternel le dirige, et nulle puissance étrangère ne le seconde.

13 Il l'a fait monter victorieusement sur les hauteurs de la terre et jouir des produits des champs ; l'a nourri avec le miel des rochers, avec l'huile de la roche pierreuse,

14 avec la crème des vaches, le lait des brebis, les gras agneaux, les béliers de Basan et les boucs, avec la moelle exquise du froment ; et tu buvais le sang vermeil du raisin.

15 Yechouroun, engraissé, regimbe ; tu étais trop gras, trop replet, trop bien nourri et il abandonne le Dieu qui l'a créé, et il méprise son rocher tutélaire !

16 Ils l'irritent par des cultes étrangers ; ils l'outragent par leurs abominations.

17 Ils sacrifient à des démons qui ne sont pas Dieu, à des déités qu'ils ne connaissaient point ; déités nouvelles, de fraîche date, que n'avaient pas redoutées vos pères.

18 Et le rocher qui t'engendra, tu le dédaignes, et tu oublies le Dieu qui t'a fait naître.

19 A cette vue, le Seigneur s'est indigné ; ainsi outragé par ses fils, par ses filles,

20 il a dit : Je veux leur dérober ma face, je verrai ce que sera leur avenir ; car c'est une race aux voies obliques, des enfants sans loyauté.

21 Eux m'ont irrité par des dieux nuls, m'ont contristé par leurs vaines idoles ; et moi je les irriterai par un peuple nul, je les contristerai par une nation indigne.

22 Oui, un feu s'est allumé dans ma colère, dévorant jusqu'aux profondeurs de l'abîme ; il a consumé la terre et ses productions, embrasé les fondements des montagnes.

23 J'entasserai sur eux tous les malheurs ; contre eux j'épuiserai mes flèches.

24 Exténués par la famine, dévorés par la fièvre et des pestes meurtrières, j'exciterai contre eux la dent des carnassiers, et le venin brûlant des reptiles.

25 Au dehors, l'épée fera des victimes, au dedans, ce sera la terreur : adolescent et jeune vierge, nourrisson et vieillard.

26 J'aurais résolu de les réduire à néant, d'effacer leur souvenir de l'humanité,

27 Si je ne craignais le dire insultant de l'ennemi et l'aveuglement de leurs persécuteurs, qui s'écrieraient : "C'est notre puissance qui triomphe, ce n'est pas l'Éternel qui en est la cause."

28 Car c'est une race aux idées fausses ; ils sont dépourvus d'intelligence.

29 S'ils étaient sages, ils y réfléchiraient ; ils seraient frappés de ce qui finit par leur arriver :

30 "Comment un seul homme pourrait-il en poursuivre mille, deux, mettre en fuite une myriade, si leur protecteur ne les eût vendus, si l'Éternel ne les eût livrés ?

31 Car leur protecteur ne ressemble point au nôtre, et nos ennemis sont une race à part.

32 De fait, leur vigne tient de la vigne de Sodome, et leur terroir, des campagnes de Gomorrhe ; leurs raisins sont des baies vénéneuses, ce sont des grappes amères que les leurs.

33 Leur vin, c'est la bave des serpents, c'est le poison meurtrier des vipères !"

34 Certes, ceci est mon secret ; il est scellé dans mes archives.

35 A moi la vindicte et les représailles, vienne l'heure où leur pied doit glisser ; car il approche, le jour de leur catastrophe, et l'avenir accourt sur eux !

36 Oui, l'Éternel prendra parti pour son peuple, pour ses serviteurs il redeviendra propice, lorsqu'il les verra à bout de forces, sans appui et sans ressources.

37 Alors il dira : "Où sont leurs dieux, ces rocs tutélaires, objets de leur confiance ;

38 qui consomment la graisse de leurs victimes, s'abreuvent du vin de leurs libations ? Qu'ils se lèvent pour vous secourir ! Qu'ils soient pour vous une sauvegarde !

39 Reconnaissez maintenant que c'est moi, qui suis Dieu, moi seul, et nul dieu à côté de moi ! Que seul je fais mourir et vivre, je blesse et je guéris, et qu'on ne peut rien soustraire à ma puissance.

40 Oui, j'en lève la main au ciel, j'en atteste mon éternelle existence

41 Quand j'aiguiserai l'éclair de mon glaive, quand ma main

s'armera du châtiment, je prendrai ma revanche sur mes adversaires, je paierai de retour mes ennemis.

42 J'enivrerai de sang mes flèches, et mon glaive se repaîtra de chair, du sang des mourants et des captifs, du crâne des capitaines ennemis !"

43 Nations, félicitez son peuple, car Dieu venge le sang de ses serviteurs ; il exerce sa vindicte sur ses ennemis, réhabilite et sa terre et son peuple !"

44 Moïse vint faire entendre au peuple toutes les paroles de ce cantique, lui avec Hoschéa, fils de Noun.

45 Lorsque Moïse eut achevé d'adresser toutes ces paroles à Israël entier,

46 il leur dit : "Prenez à cœur toutes les paroles par lesquelles je vous admoneste en ce jour, et que vous devez recommander à vos enfants pour qu'ils observent avec soin toutes les paroles de cette doctrine.

47 Car ce n'est pas pour vous chose indifférente, c'est votre existence même ! Et c'est par ce moyen seul que vous obtiendrez de longs jours sur cette terre, pour la possession de laquelle vous allez passer le Jourdain."

48 L'Éternel parla à Moïse, ce même jour, en ces termes :

49 "Monte sur cette cime des Abarîm, sur le mont Nébo, situé dans le pays de Moab en face de Jéricho, et contemple le pays de Canaan, que je donne aux enfants d'Israël en propriété ;

50 puis meurs sur la montagne où tu vas monter, et rejoins tes pères, de même que ton frère Aaron est mort à Hor-la-Montagne et est allé rejoindre ses pères.

51 Parce que vous avez été fautifs envers moi au milieu des enfants d'Israël, à l'occasion des eaux de Meriba à Kadêch, dans

le désert de Cîn, en ne me sanctifiant pas au milieu des enfants d'Israël.

52 Ce n'est qu'à distance que tu verras le pays : mais tu n'y entreras point, dans ce pays que je donne aux enfants d'Israël."

CHAPITRE TRENTE-TROIS

Or, voici la bénédiction dont Moïse, l'homme de Dieu, bénit les enfants d'Israël avant de mourir.

2 Il dit : "L'Éternel est apparu du haut du Sinaï, a brillé sur le Séir, pour eux ! S'est révélé sur le mont Pharan, a quitté les saintes myriades qui l'entourent, dans sa droite une loi de feu, pour eux !

3 Ils te sont chers aussi, les peuples ; tous leurs saints, ta main les protège : mais eux se sont couchés à tes pieds, ont recueilli ta propre parole.

4 "C'est pour nous qu'il dicta une doctrine à Moïse ; elle restera l'héritage de la communauté de Jacob."

5 Ainsi devint-il roi de Yechouroun, les chefs du peuple étant réunis, les tribus d'Israël unanimes.

6 "Que Ruben vive et soit immortel ; que sa population soit innombrable !

7 A Juda, il adressa cette bénédiction : "Ecoute, Seigneur, le vœu de Juda, en l'associant à son peuple ; que son bras

s'en fasse le champion et lui serve d'auxiliaire contre ses ennemis."

8 Sur Lévi, il s'exprima ainsi : "Tes toummîm et tes ourîm à l'homme qui t'est dévoué ; que tu as éprouvé à Massa, gourmandé pour les eaux de Meriba ;

9 qui dit de son père et de sa mère : "Je ne les considère point ", qui n'a pas égard à ses frères et ne connaît pas ses enfants. Uniquement fidèle à ta parole, gardien de ton alliance,

10 ils enseignent tes lois à Jacob et ta doctrine à Israël ; présentent l'encens devant ta face, et l'holocauste sur ton autel.

11 Bénis, Seigneur, ses efforts, et agrée l'œuvre de ses mains ! Brise les reins de ses agresseurs, de ses ennemis, pour qu'ils ne puissent se relever !

12 Sur Benjamin, il dit : "Favori du Seigneur, il repose avec confiance auprès de lui, qui lui prête son abri pour toujours et qui réside entre ses épaules."

13 Sur Joseph, il parla ainsi : "Bénie du Seigneur est sa terre ! Elle possède les dons du ciel, la rosée, comme ceux de l'abîme aux couches souterraines :

14 et les trésors que mûrit le soleil, et ceux qui germent à chaque lune ;

15 et les précieux produits des antiques montagnes, et les délices des collines primitives,

16 les délices du sol et son abondance, et la faveur de celui qui eut pour trône un buisson. Puisse-t-elle reposer sur la tête de Joseph, sur le front de l'élu de ses frères !

17 Le taureau, son premier-né qu'il est majestueux ! Ses cornes sont celles du reêm : avec elles il terrassera les peuples, tous ensemble jusqu'aux confins de la terre. L'une, ce sont les myriades d'Ephraïm, l'autre, les milliers de Manassé !"

18 A Zabulon, il dit ces mots : "Sois heureux, Zabulon, dans tes voyages, et toi, Issachar, dans tes tentes !

19 Ils convieront des peuples sur la montagne, pour y offrir des sacrifices pieux ; car ils aspireront l'opulence des mers et les mystérieux trésors cachés dans le sable."

20 Au sujet de Gad, il dit : "Hommage à celui qui agrandit Gad ! Il se campe comme un léopard, met en pièces et le bras et la tête.

21 Il s'est adjugé les prémices de la conquête, là est sa part, réservée par le législateur : il s'avance cependant aux premiers rangs du peuple, accomplissant l'œuvre sainte du Seigneur, fidèle à ses devoirs envers Israël !"

22 Au sujet de Dan, il dit : "Dan est un jeune lion qui s'élance du Basan."

23 A Nephtali, il dit : "Ô Nephtali ! Rassasié des grâces diverses, comblé des bénédictions du Seigneur, que le couchant et le midi soient ton héritage !"

24 Et au sujet d'Asher, il dit : "Béni entre les fils soit Asher ! Bienvenu auprès de ses frères, et baignant son pied dans l'huile.

25 Tes forts seront bardés de fer et d'airain ; ta sécurité durera autant que ta vie.

26 "Rien n'égale le Tout-Puissant, ô Yechouroun ! Il est ton soutien, lui qui siège dans les cieux et dont la majesté plane sur les nues.

27 Tu as pour refuge le Dieu primordial, pour support, ses bras éternels il écarte devant toi l'ennemi. Il décrète sa ruine.

28 Et Israël réside avec sécurité, elle coule solitaire la source de Jacob, sur une terre riche de blé et de vin, sous des cieux qui lui versent la rosée.

29 Heureux es-tu, Israël ! Qui est ton égal, peuple que protège le Seigneur ? Bouclier qui te sauve, il est aussi le glaive qui te fait triompher : tes ennemis ramperont devant toi, et toi, tu fouleras leurs hauteurs."

CHAPITRE TRENTE-QUATRE

Moïse se dirigea des plaines de Moab vers le mont Nébo, et monta au sommet du Pisga qui est en face de Jéricho. Et l'Éternel lui fit contempler tout le pays : le Galaad jusqu'à Dan,

2 tout Nephtali, le territoire d'Ephraïm et de Manassé, et le territoire entier de Juda jusqu'à la mer ultérieure ;

3 puis le midi, le bassin du Jourdain, la vallée de Jéricho, ville des palmiers, jusqu'à Çoar.

4 Et l'Éternel lui dit : "C'est là le pays que j'ai promis par serment à Abraham, à Isaac et à Jacob, en disant : je le donnerai à votre postérité. Je te l'ai fait voir de tes yeux, mais tu n'y entreras point."

5 C'est donc là que mourut Moïse, le serviteur de l'Éternel, dans le pays de Moab, sur l'ordre du Seigneur.

6 Il fut enseveli dans la vallée du pays de Moab qui fait face à Beth-Peor ; mais nul n'a connu sa sépulture jusqu'à ce jour.

7 Moïse était âgé de cent vingt ans lorsqu'il mourut ; son regard ne s'était point terni, et sa vigueur n'était point épuisée.

8 Les enfants d'Israël pleurèrent Moïse, dans les plaines de Moab, trente jours, épuisant complètement le temps des pleurs, le deuil de Moïse.

9 Or, Josué, fils de Noun, était plein de l'esprit de sagesse, parce que Moïse lui avait imposé les mains ; et les enfants d'Israël lui obéirent et agirent comme l'Éternel l'avait prescrit à Moïse.

10 Mais il n'a plus paru, en Israël, un prophète tel que Moïse, avec qui le Seigneur avait communiqué face à face,

11 eu égard à tant de signes et de prodiges que le Seigneur lui donna mission d'opérer en Égypte, sur Pharaon, ses serviteurs et son pays entier ;

12 ainsi qu'à cette main puissante, et à toutes ces imposantes merveilles, que Moïse accomplit aux yeux de tout Israël.

Copyright © 2020 par FV Éditions
ISBN -Ebook : 979-10-299-0899-6
ISBN - Couverture souple : 9798643299271
ISBN - Couverture rigide : 979-10-299-0900-9
Tous Droits Réservés

*

Également Disponible
BERESHIT : LE LIVRE DE LA GENÈSE
SHEMOT : LE LIVRE DE L'EXODE
VAYIQRA : LE LIVRE DU LÉVITIQUE
BAMIDBAR : LE LIVRE DES NOMBRES

Milton Keynes UK
Ingram Content Group UK Ltd.
UKHW041925101123
432363UK00003B/59